KB093126
한자 어휘 학습으로 쏙쏙 개념 익히기
한쏙 과학
5학년

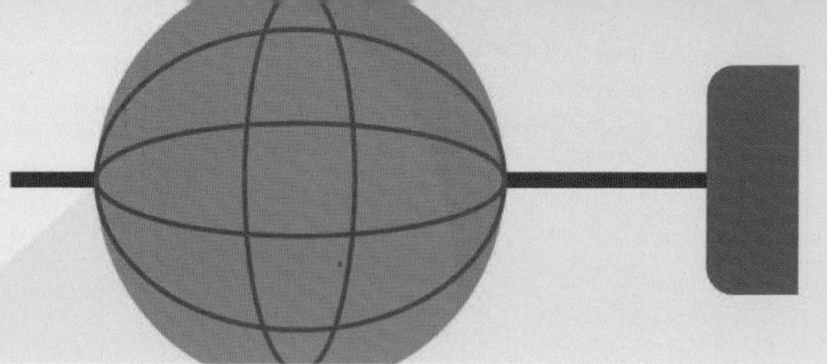

추천의 말씀

좋은 책이 출판되었다. 반갑다. 교사로서 학생들을 가르치는 데 이런 책이 필요하다는 생각을 예전부터 해 왔었다. 한자 어휘를 모르고 과학 개념을 외우기 중심으로 공부해 온 초등학생들에게 큰 도움이 될 것이다.

교과서 한자 어휘 익히기뿐만 아니라, 여러 출판사의 검인정 교과서 분석을 통해 공통적인 핵심 내용을 잘 정리해 준 책이다. 또 교과서 내용 알아보기에 그치지 않고 평가 문항을 통한 확인 과정까지 이어지는 짜임이 잘 된 책이다.

강 옥 초등학교 교장(인천광역시)

여러 가지 한계와 사정으로 학교에서 다루기 힘든 교과서 한자 지도를, 학생들이 자기주도적으로 잘할 수 있게 구성된 매우 의미있는 책이다. 학생과 학부모에게 이 책으로 공부해 보길 적극 추천한다.

김영숙 초등학교 학부모(서울특별시)

오래전부터 학생들의 어휘력 부족 문제가 우리 사회의 큰 관심거리가 되었다. 한자를 배워 본 적이 없는 학생들에게 과학 개념과 관련된 어휘는 큰 산이 되었다. 이 책을 통해 초등 과학 교과서에 나오는 개념 관련 어휘의 산을 쉽게 넘을 수 있게 될 것이다.

김복현 초등학교 교장(광주광역시)

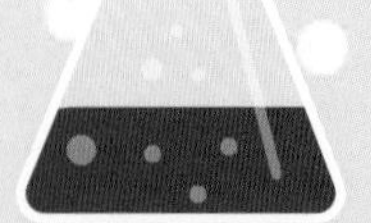
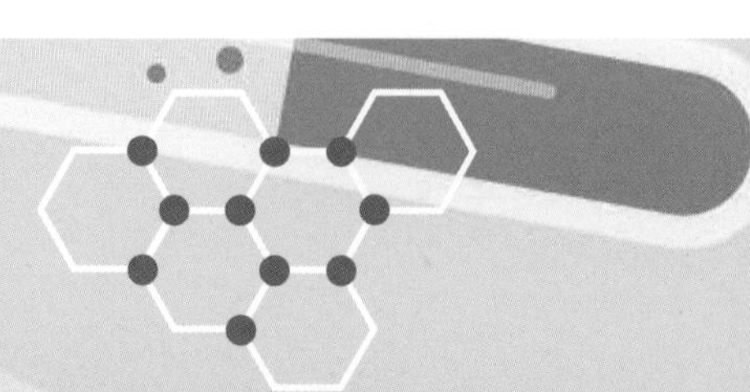

꼭 필요한 좋은 책을 만들어 준 필자에게 감사드린다. 책꽂이에 두고 교과서 진도에 맞추어 한 단원씩 공부해 나가기 참 좋은 책이다. 특히 한자를 익히는 것에 중심을 두지 않고 동화책처럼 여러 번 반복에서 읽는 것만으로도 큰 학습효과가 있겠다.

배유리 초등학생 학부모(충청남도)

수학에서 이등(二等)변 삼각(三角)형을 가르칠 때 '이등변은 똑같은 변이 2개고, 삼각형은 각이 세 개다.'의 형태로 가르쳐서 효과를 본 기억이 있다. 초등학생이 한자 어휘를 먼저 알고 공부하는 방법은 확실히 효과적이다.

고성용 초등학교 교사(전라남도)

한자 어휘 학습으로
쓱쓱 개념 익히기
한쓱 과학
5학년

5학년

초판 인쇄일 2024년 3월 2일
초판 발행일 2024년 3월 12일

지은이 박병진
발행인 김영숙
신고번호 제2022-000078호
발행처 북장단
주소 (10881) 경기도 파주시 회동길 445-4(문발동 638) 408호
전화 031)955-9221~5 팩스 031)955-9220
인스타그램 @ddbeatbooks 메일 ddbeatbooks@gmail.com

기획 · 진행 북장단편집부
디자인 김보리
영업마케팅 김준범, 서지영
ISBN 979-11-983182-6-8
정가 13,000원

*** 북장단은 도서출판 혜지원의 임프린트입니다. 북장단은 소중한 원고의 투고를 항상 기다리고 있습니다.**

1. 제조자 북장단
2. 주소 경기도 파주시 회동길 445-4 408호
3. 전화번호 031-955-9224
4. 제조년월 2024년 3월 2일
5. 제조국 대한민국
6. 사용연령 8세 이상

사용상 주의사항
- 종이에 긁히거나 손이 베이지 않도록 주의하세요.
- 제품을 입에 넣거나 빨지 않도록 주의하세요.
- KC마크는 이 제품이 공통안전기준에 적합하였음을 의미합니다.

한자 어휘 학습으로 쏙쏙 개념 익히기

한쏙 과학

박병진 지음

5학년

북장단

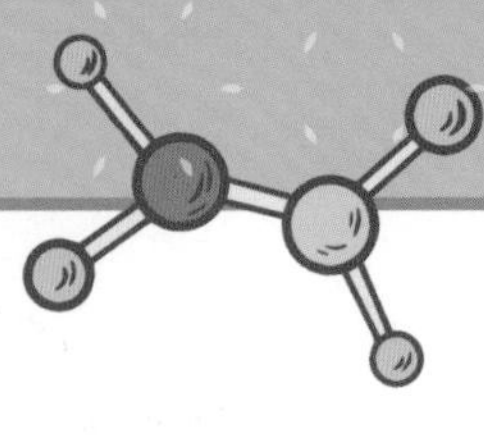

수업을 오랫동안 한 선생님들은 '이렇게 가르치면 학생들이 쉽게 이해한다'라는 노하우가 생깁니다. 저 역시 초등학교 과학 교사로서 수십 년 동안 아이들을 가르치며 얻은 노하우가 있습니다. 바로 '아이들에게 단어의 한자를 함께 가르치면 과학적 개념을 아주 쉽게 이해한다'라는 것입니다.

초등학교 5학년 과학 '열의 이동'을 공부하는 단원의 예를 들어보면 교과서에서는 열의 이동과 관련하여, '전도'와 '단열' 그리고 '대류'라는 개념을 공부합니다.

교과서에서는 전도란, 높은 곳에서 낮은 곳으로 열이 전달되는 것을 말한다고 배웁니다. 또 단열이란 열의 이동을 끊는다는 것을 배우고, 액체에서의 대류는 물을 끓일 때 가운데에서 뜨거워진 물이 위로 올라가고 다시 차가운 물이 있는 양쪽으로 돌기 때문에, 결국 서로 마주 보며 흐르는 모습을 대류라고 한다고 공부합니다.

위와 같은 개념의 경우, 전도(傳導)에서 전(傳)이 '전할 전'이고, 단열(斷熱)에서 단(斷)은 '끊을 단'임을 아는 것만으로도 쉽게 이해할 수 있게 됩니다. 또 대류(對流)에서 대(對)는 마주 대한다는 뜻의 '대할 대'이고, 류(流)는 '흐를 류'임을 알면, 대류가 물이 서로 마주 대하면서 흐르는 모습인 것을 아주 쉽게 떠올릴 수 있게 됩니다.

또 산성 용액과 염기성 용액을 구분하는 공부에서도 마찬가지입니다. 산성(酸性)의 산(酸)은 신맛이 난다는 뜻의 '실 산'이므로 '신맛이 나는 성질'이 있고, 염기성(鹽基性)에서 염(鹽)은 소금을 뜻하는 '소금 염'이므로, '소금을 기본으로 하는 성질'을 말한다는 것만을 알아도 공부에 큰 도움이 됩니다.

아이들은 '지표'니 '침식'이니, '운반'이니 '퇴적'이니, '물체'니 '물질'이니 하는 말들을 잘 이해하지 못합니다. 처음 듣기도 했고, 한자를 같이 익히면서 뜻을 이해하지 않고 단순 암기만 하기 때문이죠. 하지만 한자를 같이 익히면 뜻풀이를 통해 문해력을 키울 수 있고, 과학적 개념을 보다 쉽게 이해할 수도 있습니다. 자연스럽게 어휘력은 풍부해지고 과학적 상상력은 커집니다.

한자 뜻풀이를 이용한 과학 개념 학습에 관심을 두면서, 이와 유사한 학습지를 모두 찾아보았습니다. 거의 모든 책들이 큰 한계가 있었습니다. 한자를 다루고 있어도 단순히 한자를 익히는 정도에 그치고 있었습니다. 그래서 이 책을 쓰게 되었습니다.

이 책을 통해 아이들은 한자를 익히며 교과서 과학 공부를 재미있게 하게 될 것입니다. 또한 학습한 지식을 문제를 통해 복습하면서 자기 것으로 만들 수 있을 것입니다. 책을 보는 아이들이 어휘력과 상상력을 키워 훌륭한 인재로 자라나길 바랍니다.

저자 박병진

이 책의 구성

이 책은 **과학 교과서**의 **한자어**를 쉽게 익힐 수 있도록 구성되어 있어요!

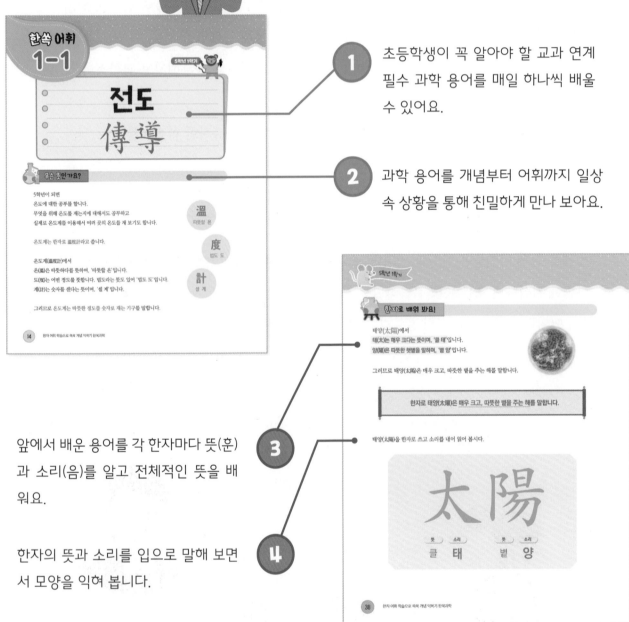

한쏙 어휘 **1-1**

5학년 1학기

전도
傳導

무슨 뜻인가요?

5학년이 되면
온도에 대한 공부를 합니다.
무엇을 위해 온도를 재는지에 대해서도 공부하고
실제로 온도계를 이용해서 여러 곳의 온도를 재 보기도 합니다.

온도계는 한자로 溫度計라고 씁니다.

온도계(溫度計)에서
온(溫)은 따뜻하다를 뜻하며, '따뜻할 온'입니다.
도(度)는 어떤 정도를 뜻합니다. 법도라는 뜻도 있어 '법도 도'입니다.
계(計)는 숫자를 센다는 뜻이며, '셀 계'입니다.

그러므로 온도계는 따뜻한 정도를 숫자로 재는 기구를 말합니다.

溫 따뜻할 온
度 법도 도
計 셀 계

14 한자 어휘 학습으로 쏙쏙 개념 익히기 한쏙과학

1 초등학생이 꼭 알아야 할 교과 연계 필수 과학 용어를 매일 하나씩 배울 수 있어요.

2 과학 용어를 개념부터 어휘까지 일상 속 상황을 통해 친밀하게 만나 보아요.

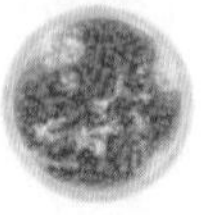

5학년 1학기

한자로 배워 봐요!

태양(太陽)에서
태(太)는 매우 크다는 뜻이며, '클 태'입니다.
양(陽)은 따뜻한 햇볕을 말하며, '볕 양'입니다.

그러므로 태양(太陽)은 매우 크고, 따뜻한 볕을 주는 해를 말합니다.

한자로 태양(太陽)은 매우 크고, 따뜻한 볕을 주는 해를 말합니다.

태양(太陽)을 한자로 쓰고 소리를 내어 읽어 봅시다.

太陽

뜻 클 소리 태 / 뜻 볕 소리 양

38 한자 어휘 학습으로 쏙쏙 개념 익히기 한쏙과학

3 앞에서 배운 용어를 각 한자마다 뜻(훈)과 소리(음)를 알고 전체적인 뜻을 배워요.

4 한자의 뜻과 소리를 입으로 말해 보면서 모양을 익혀 봅니다.

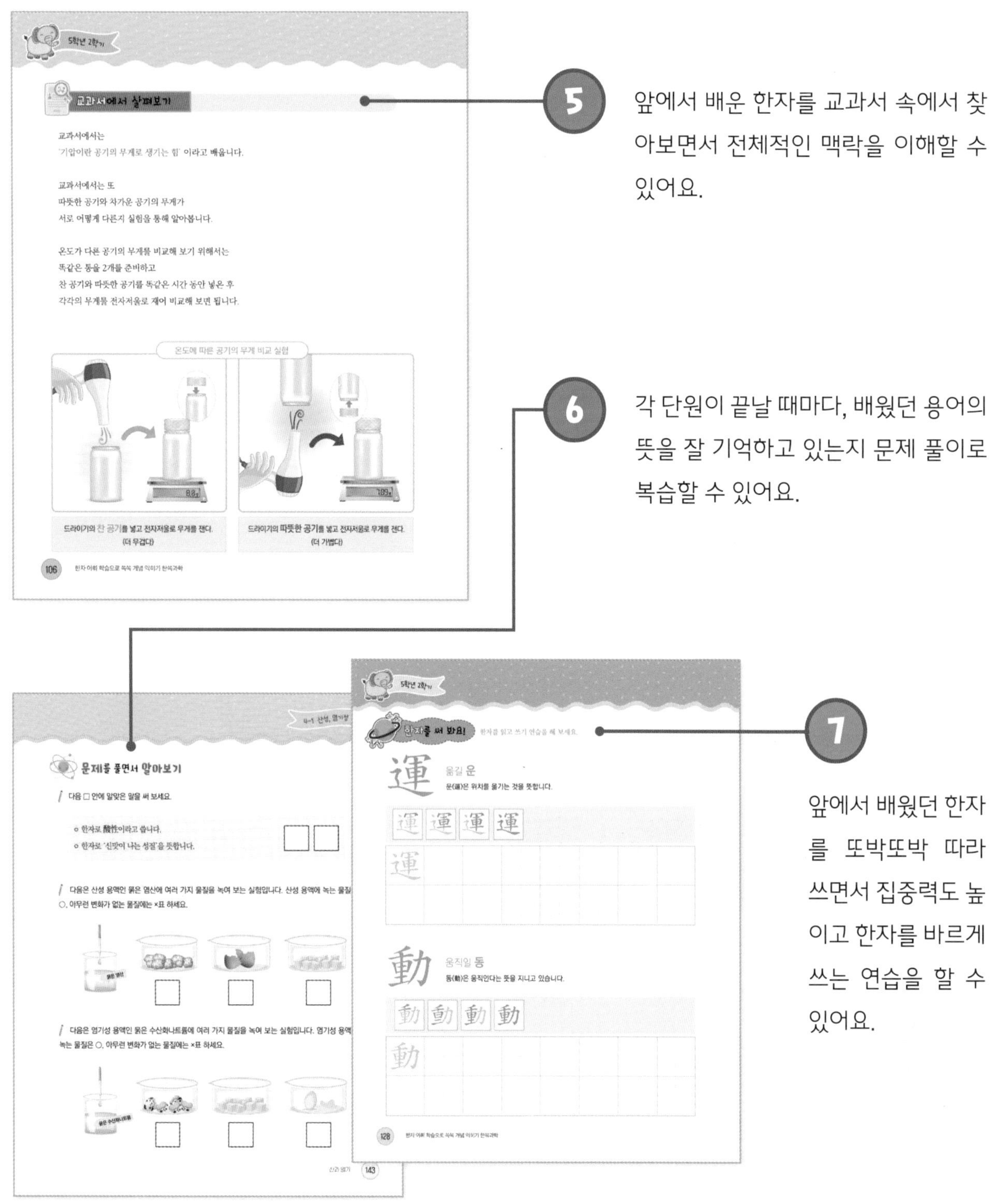

5 앞에서 배운 한자를 교과서 속에서 찾아보면서 전체적인 맥락을 이해할 수 있어요.

6 각 단원이 끝날 때마다, 배웠던 용어의 뜻을 잘 기억하고 있는지 문제 풀이로 복습할 수 있어요.

7 앞에서 배웠던 한자를 또박또박 따라 쓰면서 집중력도 높이고 한자를 바르게 쓰는 연습을 할 수 있어요.

목차

1 온도와 열

2 태양계와 별

용해와 용액

5학년 2학기

1 생물과 환경

일러 두기

- 초등학교 5학년 1학기, 2학기 교과서에 등장하는 어휘를 수집해 그 안에서 가장 자주 등장하는 단어를 선별하였습니다.
- 국립국어원의 표준 국어대사전 뜻풀이를 기본으로 하되 초등학생의 눈높이에 맞게 보다 쉽게 풀어 썼습니다.

날씨와 우리 생활

물체의 운동

산과 염기

박 남 기 광주교육대학교 교육학과 교수 (전 총장)

5학년 학생이 과학 단원 평가 시험에서 다음과 같은 문제를 만났다고 보겠습니다.

※ 다음 중 온도가 높아진 액체가 위로 이동하고, 이보다 온도가 낮은 액체가 아래로 이동하는 현상은 무엇일까요?

① 전도 ② 대류 ③ 단열 ④ 이동

어른들도 한자 어휘를 잘 모르는 경우 쉽게 풀기 힘든 문제입니다. 이 문제를 풀기 위해 아이들이 의존하는 것은 기억력뿐입니다. 보통의 공부 방식은 단순히 암기에 치중되어 있기 때문입니다. 그럼 같은 문제의 지문과 선택지가 이렇게 바뀌면 어떻게 될까요?

※ 다음 중 온도가 높아진 액체가 위로 이동하고, 이보다 온도가 낮은 액체가 아래로 흐르는 것은 무엇일까요?

① 열이 이끌려 전달되는 것 ② 서로 마주 보며 흐르는 것 ③ 열의 이동을 끊는 것 ④ 움직여 옮기는 것

이런 경우 학생들은 물이 끓을 때 냄비 안에서 돌며 흐르는 모습을 떠올리며, 정답이 ②번인 것을 쉽게 생각해 낼 수 있을 것입니다. 두 번째 문제는 학생들이, 전도(傳導)의 전은 '전할 전'이고 도는 '이끌 도'이며, 대류(對流)에서 대는 '대할 대'이고 류는 '흐를 류'이며, 단열(斷熱)에서 단은 '끊을 단'이고 열은 '더울 열'이라는 것을 이해한 경우, 머릿속에서 만들어 낼 수 있는 선택지입니다.

같은 문제를 대하면서 두 번째 문제와 같이 머릿속의 선택지를 만들 수 있게 하는 힘은 바로 한자 어휘력입니다.

요즘 젊은이들의 어휘력이 부족하고 문해력이 낮은 이유 중 하나는 우리 단어를 영어 단어 외우듯이 무조건 암기하고 있기 때문입니다. 우리의 뇌는 이해하지 못한 채 무조건 외우는 일은 잘 하지 못합니다. 이해하면 쉽게 외울 수 있고, 활용도 할 수 있습니다.

단어의 뜻을 쉽게 이해할 수 있도록 돕는 하나의 방법이 단어를 이루고 있는 한자를 가르쳐주는 것입니다. 단어에 들어 있는 한자를 추출하여 그 뜻을 알려 주고, 같은 한자로 이뤄진 유사어들을 함께 가르치면 어휘력은 폭발적으로 성장합니다. 이것이 문해력을 높이는 지름길입니다.

그 지름길을 알려 주는 이 책을 초등학교에서 과학을 공부하는 학생들과 학부모님들에게 꼭 권하고 싶습니다.

초등학교 과학 5학년 1학기

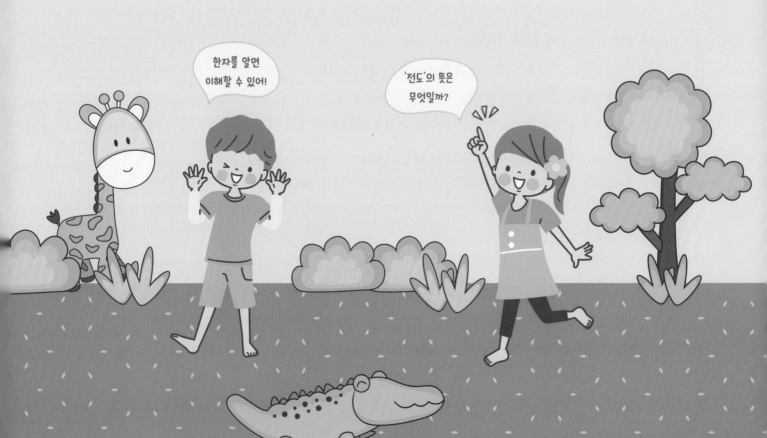

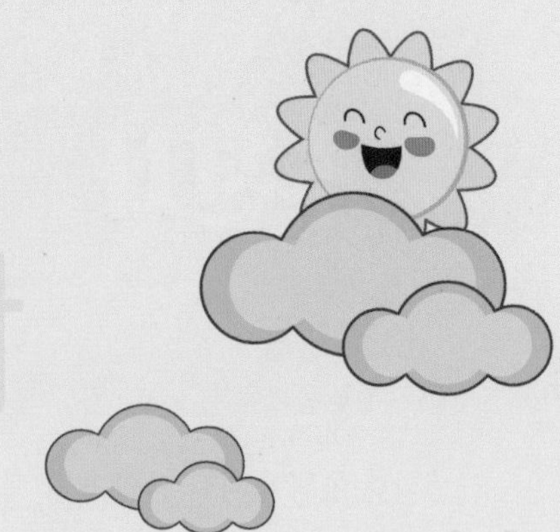

한자를 알면 이해할 수 있어!
'전도'의 뜻은 무엇일까?

1

온도와 열

전도
傳導

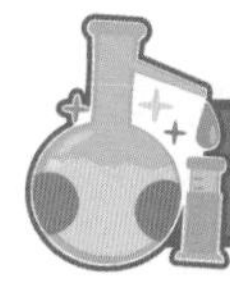

무슨 뜻인가요?

5학년이 되면
온도에 대한 공부를 합니다.
무엇을 위해 온도를 재는지에 대해서도 공부하고
실제로 온도계를 이용해서 여러 곳의 온도를 재 보기도 합니다.

溫
따뜻할 온

온도계는 한자로 溫度計라고 씁니다.

度
법도 도

온도계(溫度計)에서
온(溫)은 따뜻하다를 뜻하며, '따뜻할 온'입니다.
도(度)는 어떤 정도를 뜻합니다. 법도라는 뜻도 있어 '법도 도'입니다.
계(計)는 숫자를 센다는 뜻이며, '셀 계'입니다.

計
셀 계

그러므로 온도계는 따뜻한 정도를 숫자로 재는 기구를 말합니다.

여러 가지 온도계

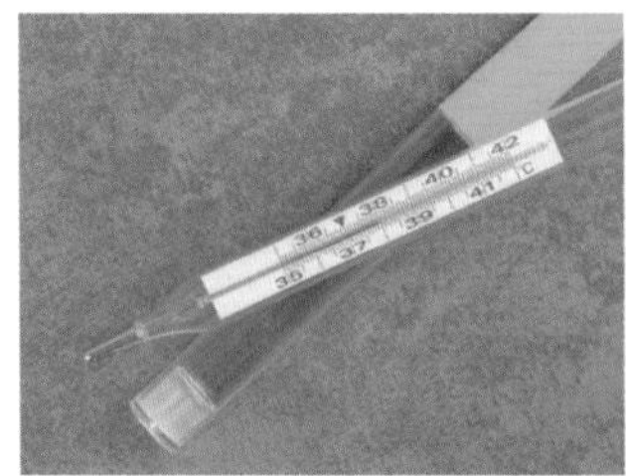
알코올 온도계

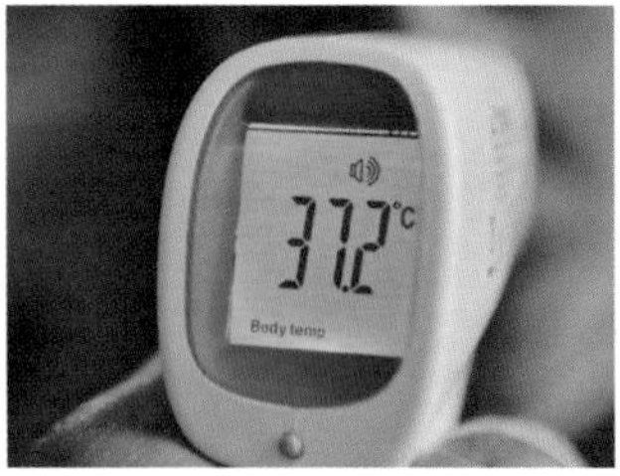

적외선 온도계

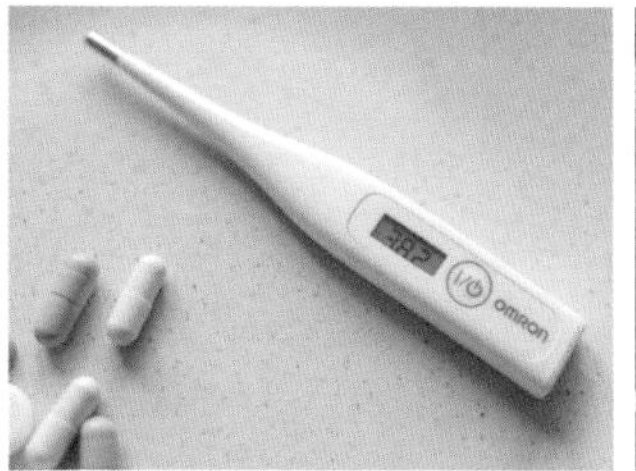

체온계

탐침 온도계

이 단원에서는 온도와 관련하여 전도, 단열, 대류라는 개념을 배웁니다.

먼저 전도(傳導)에 대해서 알아볼까요?

지도자라는 말이 있죠? 여러 사람을 이끌어 가는 사람을 말합니다.
지도자에서 도(導)는 '이끌다'의 뜻을 지녔으며, '이끌 도'라고 읽습니다.

고체에서 온도는 높은 쪽에서 낮은 쪽으로 이끌리는 성질이 있습니다.
물이 높은 곳에서 낮은 쪽으로 흐르는 것과 비슷합니다.

한자로 배워 봐요!

전도(傳導)에서
전(傳)은 전달한다는 뜻으로, '전할 전'입니다.
도(導)는 '이끌 도'입니다.

그러므로 전도(傳導)는 어느 쪽으로 이끌려 전달된다는 뜻입니다.

한자로 전도(傳導)는 이끌려 전달된다는 뜻입니다.

전도(傳導)를 한자로 쓰고 소리를 내어 읽어 봅시다.

교과서에서 살펴보기

교과서에서는 고체에서의 열의 이동을 공부합니다.
먼저 우리 생활 속에서 볼 수 있는 열의 전도 현상을 공부합니다.

고체에서 열은, 차가운 쪽으로 이끌려 전달되는 특징이 있다고 했습니다.
전도란, 열이 높은 곳에서 낮은 곳으로 이동하는 것을 말합니다.

가스레인지 위에서 가열되고 있는 뜨거운 프라이팬의 열이
그 위에 놓인 고기로 전달되어 이동하는 것이 전도의 예입니다.

끓고 있는 뜨거운 물에 담긴 금속 국자가 물과 함께 뜨거워지는 것도
뜨거운 물에서 국자로 열이 전달된 전도입니다.

냄비에 물을 넣고 가열하여 라면을 끓일 때도
뜨거워진 냄비에서 차가운 물로 열이 전도된 것입니다.

포장된 즉석식품을 뜨거운 물에 넣어
따뜻하게 데워 먹을 수 있는 것도 전도 때문에 가능합니다.

또 뜨거운 음료가 든 컵에서 느낄 수 있는 따뜻함도
열이 차가운 손으로 전도되었기 때문입니다.

여러 가지 전도

고기가 구워질 때의 전도

따뜻한 컵에서의 전도

면을 끓일 때의 전도

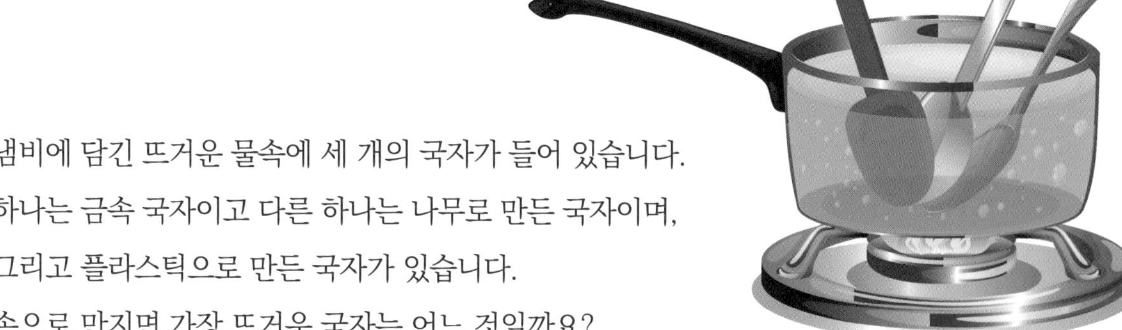

냄비에 담긴 뜨거운 물속에 세 개의 국자가 들어 있습니다.
하나는 금속 국자이고 다른 하나는 나무로 만든 국자이며,
그리고 플라스틱으로 만든 국자가 있습니다.
손으로 만지면 가장 뜨거운 국자는 어느 것일까요?

물질에 따라 열이 이동하는 빠르기가 다릅니다.

교과서에서는 구리판, 철판, 유리판, 나무판 등에 각각 '열 변색 붙임딱지'를 붙이고 뜨거운 물에 넣은 후, 열이 가장 빠르게 이동하는 것을 알아보는 실험을 합니다.

고체 물질에서의 열전도 빠르기 비교 실험

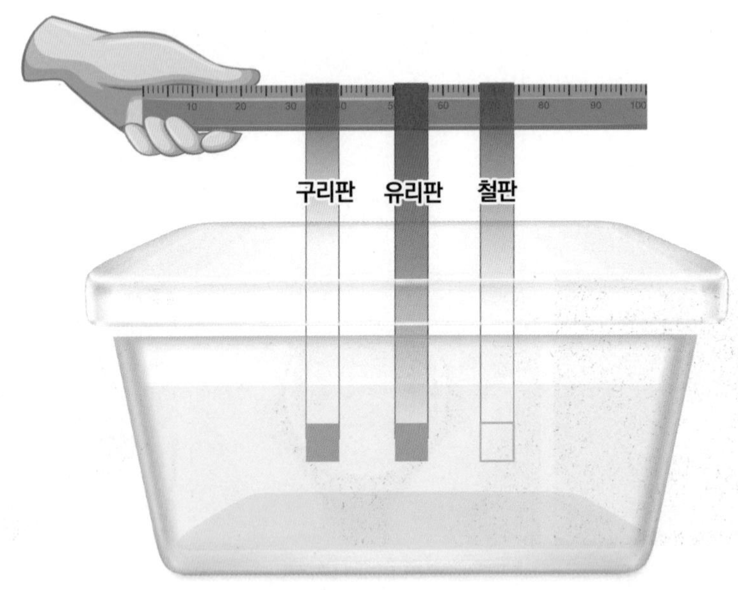

고체 물질에서의 열전도 빠르기를 비교한 실험 결과, 금속으로 만든 물질이 금속이 아닌 물질보다 열전도가 빠르다는 것을 알 수 있습니다.

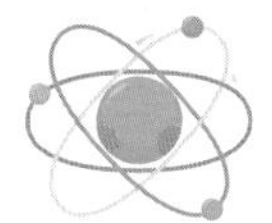

문제를 풀면서 알아보기

다음 □ 안에 알맞은 말을 써 보세요.

- 한자로 傳導라고 씁니다.
- 고체에서 온도가 높은 곳에서 낮은 곳으로 열이 이동하는 것을 말합니다.

□□

다음 중 '전도(傳導)'가 맞는 것은 ○표, 전도가 아닌 것은 X표 하세요.

- 뜨거운 프라이팬의 열이 그 위에 놓인 고기로 전달되어 이동하는 것 □
- 끓고 있는 뜨거운 물에 담긴 금속 국자가 같이 뜨거워지는 것 □

다음은 고체 물질에서의 열전도 빠르기 비교 실험 결과입니다. 더 빠른 것을 찾아 □ 안에 < 또는 >로 표시하세요.

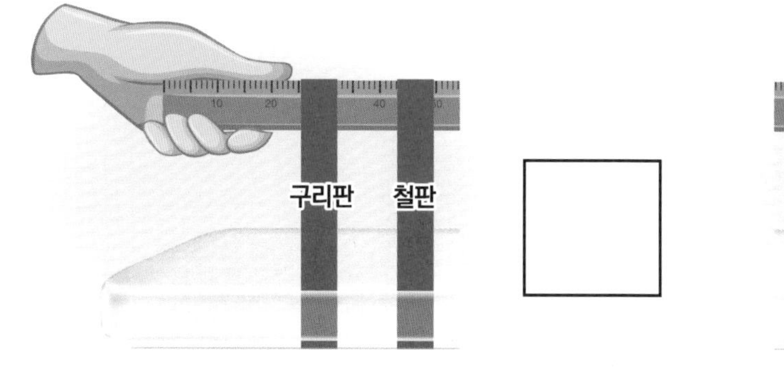

□

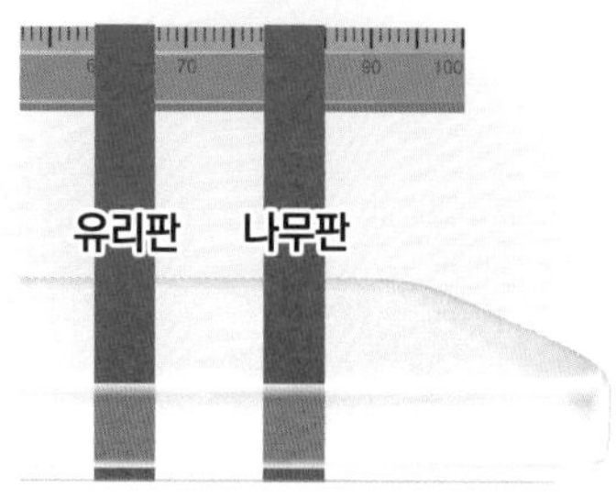

한자를 읽고 쓰기 연습을 해 보세요.

溫 따뜻할 온

온(溫)은 따뜻하다를 뜻합니다.

溫 溫 溫

溫

度 법도 도

도(度)는 어떤 정도를 뜻합니다.

度 度 度 度

度

傳

전할 **전**

전(傳)은 전달한다를 뜻합니다.

傳 傳 傳 傳

傳

導

이끌 **도**

도(導)는 어느 쪽으로 이끌리는 것을 뜻합니다.

導 導 導 導 導

한쏙 어휘 1-2

단열 斷熱

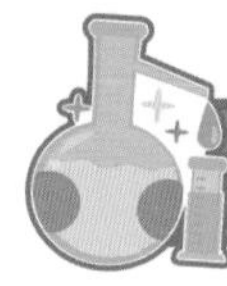

무슨 뜻인가요?

다음은 단열(斷熱)에 대해 알아보겠습니다.

도로 차단

'차단'이라는 말을 들어 보셨나요?
"산사태 위험이 있어 이 도로를 차단합니다."
"지금부터 모든 전원을 차단하겠습니다."
이렇게 쓰는 말입니다.

차단에서 '단(斷)'은 '끊는다'를 뜻하며, '끊을 단'이라 읽습니다.

전원 차단

밥을 먹지 않는 단식
머리를 짧게 자를 때의 단발
무엇을 자를 때의 절단
남북이 나뉘어 있는 분단
이렇게 사용하는 '단'이 모두 같은 뜻입니다.

단열에서 단도 끊는다는 뜻입니다.
그리고 열은 따뜻하다는 뜻의 열입니다.

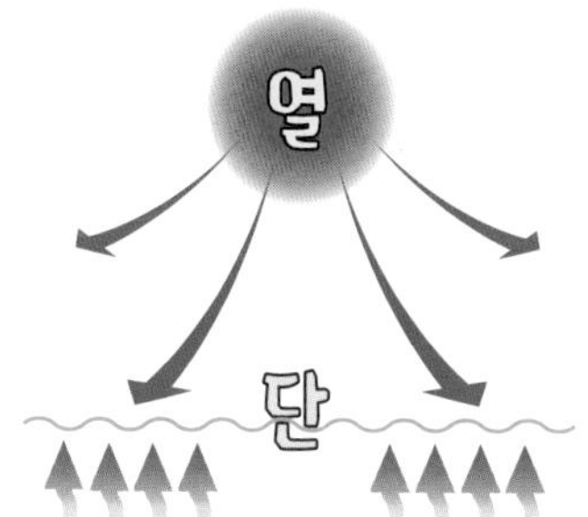

단열(斷熱)이란 열의 이동을 끊는 것을 말합니다.

한자로 배워 봐요!

단열(斷熱)에서
단(斷)은 끊는다를 뜻하며, '끊을 단' 입니다.
열(熱)은 따뜻하다를 뜻하며, '더울 열' 입니다.

그러므로 단열(斷熱)은 열을 끊는다는 뜻입니다.

한자로 단열(斷熱)은 열의 이동을 끊는다는 뜻입니다.

단열(斷熱)을 한자로 쓰고 소리를 내어 읽어 봅시다.

교과서에서 살펴보기

지난 시간 고체에서의 열전도에 대해 공부했습니다.

고체 물질에서의 열전도 빠르기는 금속으로 만든 물질은 빠르고,
금속이 아닌 물질은 더 느리다는 것을 알 수 있었습니다.

고체 물질에서 열이 전도되는 빠르기가 다른 성질을 이용하여
두 물질 사이에 열의 이동을 막는 것을 단열이라고 합니다.

그러니까 고체 물질에서 열이 이동하는 것은 '전도'라 하고
열의 이동을 막는 것은 '단열'이라고 하는 겁니다.
교과서에서는 이러한 성질을 우리 생활에서 어떻게 이용하는지 공부합니다.

우리 생활에서 단열을 이용하는 예

주전자 손잡이

냄비 손잡이

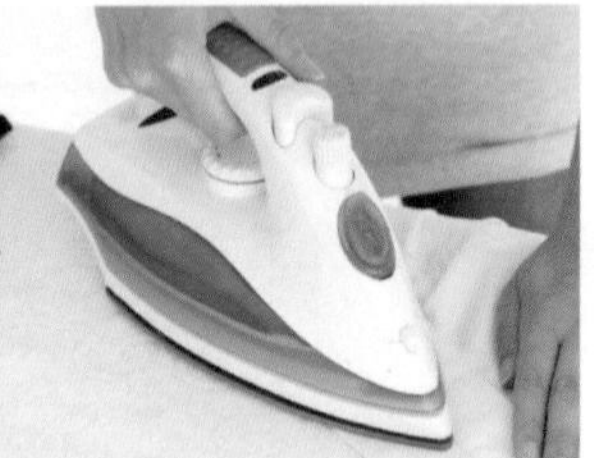
다리미 손잡이

주전자와 냄비가 뜨거워지는 경우 손으로 잡을 수 없습니다.
그래서 열의 이동이 느린 나무나 플라스틱으로 손잡이를 만듭니다.
다리미도 바닥은 금속으로 만들고, 손잡이는 나무나 플라스틱으로 만듭니다.
이것도 단열을 이용한 것입니다.

프라이팬 몸체는 금속으로 만들고, 손잡이는 나무나 플라스틱으로 만듭니다.
나무나 플라스틱도 열이 전달되기는 하지만
금속보다는 더 느려서 손잡이에 이용하는 것입니다.

이 밖에도 우리 생활에서 단열을 이용하는 예는 아주 많습니다.

뜨거운 음료가 든 컵의 열은 종이로 된 컵 싸개를 이용해서 단열합니다.
뜨거운 냄비는 냄비 받침을 이용해서 단열하기도 합니다.
집을 지을 때는 집안의 따뜻한 공기가 밖으로 나가지 않도록 벽에 여러 가지 단열재를 넣어야 합니다.
장갑과 아이스박스 그리고 이중창도 모두 단열과 관련이 있습니다.

우리 생활에서 단열을 이용하는 예

컵 싸개

냄비 받침

건물 단열재

장갑

아이스박스

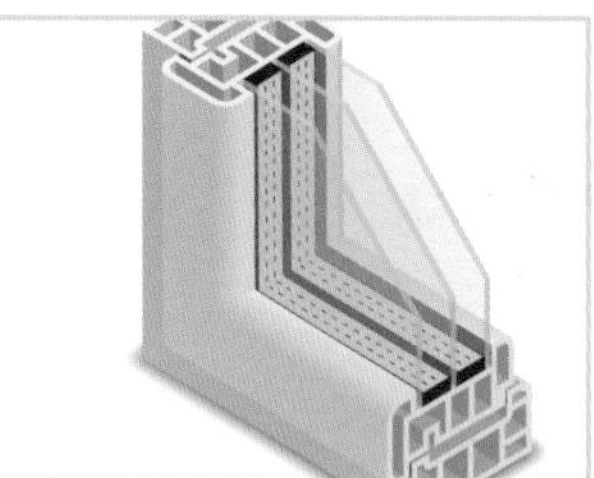
이중 창문

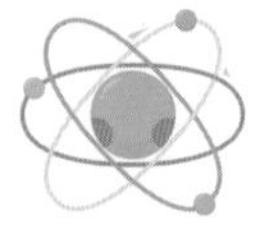

문제를 풀면서 알아보기

한자로 斷熱이라고 쓰며, 두 물체 사이에서 '열의 이동을 끊는 것'을 뜻하는 말은 무엇일까요?

다음 중 우리 생활 속에서 '단열'을 이용한 예가 맞으면 ○표, 아니면 X표 하세요.

주전자 손잡이

프라이팬에 굽는 고기

냄비 손잡이

컵 싸개

끓는 물속의 면

아이스박스

한자를 읽고 쓰기 연습을 해 보세요.

끊을 **단**

단(斷)은 끊는다를 뜻합니다.

斷 斷 斷 斷 斷

斷

더울 **열**

열(熱)은 따뜻하다를 뜻합니다.

熱 熱 熱 熱 熱

熱

한쏙 어휘 1-3

대류 對流

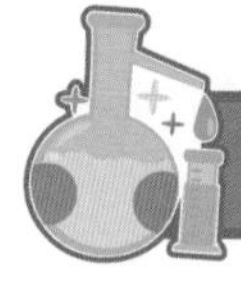

무슨 뜻인가요?

다음은 대류(對流)에 대해 알아보겠습니다.

'상대'라는 말이 있죠?
'상대방'이라 할 때 사용하기도 하고

결혼할 상대
운동할 때의 연습 상대
축구할 때의 상대 골키퍼

이렇게 사용하는 말입니다.

'상대'에서 대(對)는 서로 마주 대하는 것을 뜻합니다.
한자로는 '대할 대'라고 읽습니다.

집에서 냄비에 물이 끓는 것을 본 적이 있죠?
가스레인지에서 냄비의 물을 가열하는 경우
냄비 아래의 물 온도가 먼저 올라가고, 온도가 높아진 물은 위로 올라갑니다.
그리고 위에 있는 차가운 물이 다시 아래로 밀려 내려옵니다.
그러므로 아래의 물과 위의 물이 서로 마주 대하며 계속 흐른다고 할 수 있습니다.

물을 가열할 때 대류하는 모습

온도가 높아진 물은
위로 올라간다.
위에 있던 온도가 낮은
물은 아래로 밀려 내려온다.

한자로 배워 봐요!

대류(對流)에서
대(對)는 마주 대한다는 뜻이며, '대할 대'입니다.
류(流)는 '흐를 류'입니다.

그러므로 대류(對流)는 서로 마주 대하며 흐르는 것을 말합니다.

한자로 대류(對流)는 서로 마주 대하며 흐르는 것을 뜻합니다.

대류(對流)를 한자로 쓰고 소리를 내어 읽어 봅시다.

교과서에서 살펴보기

교과서에서는 액체에서의 열의 이동에 대해 실험을 통해 공부합니다.

먼저 비커나 수조에 찬물을 준비한 후
물의 아래에 스포이트를 이용해서 조심스럽게 물감을 넣습니다.
물감 대신에 잉크를 넣어도 됩니다.

물감 또는 잉크가 있는 곳을 가열해 보면
열이 어떻게 이동하는지 추리할 수 있습니다.

가열할 때는 작은 양초를 이용할 수도 있고
비커나 수조 아래에 뜨거운 물을 넣은 컵을 놓아 가열할 수도 있습니다.

이 실험을 통해
아래에서 뜨거워진 물이 위로 올라간다는 것을 확인할 수 있습니다.

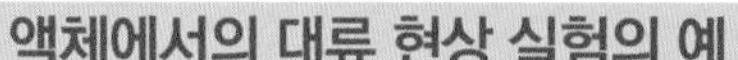

액체에서의 대류 현상 실험의 예

교과서에서는 또
기체에서의 열의 이동에 대해서도 실험을 통해 공부합니다.
플라스틱 상자 안에 향을 켜서 공기를 가열합니다.
그 위에 향을 피워 보면 공기가 어떻게 이동하는지 살펴볼 수 있습니다.

기체에서의 대류 현상 실험의 예

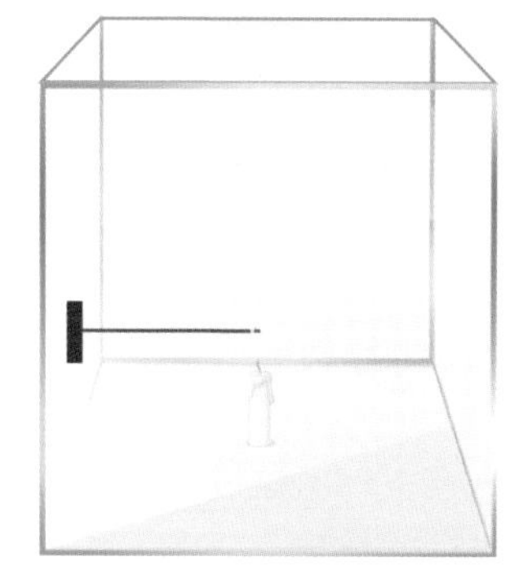

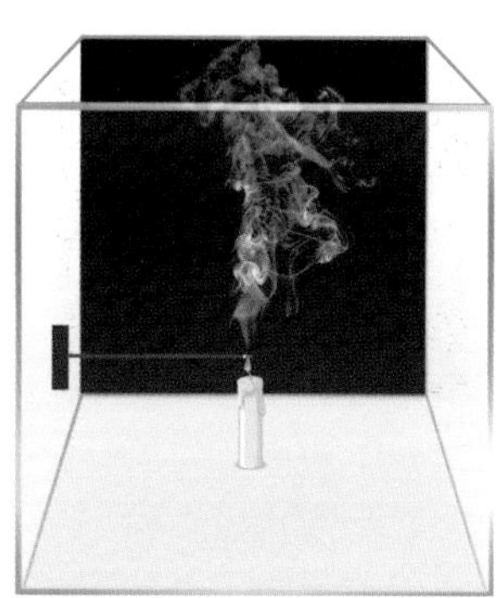

기체에서의 대류도 액체와 같습니다.
공기도 온도가 높아지면 위로 올라갑니다.
그리고 위에 있는 공기는 아래로 밀려 내려옵니다.
눈에 보이지는 않지만
난방기를 켤 때 집 안 공기의 대류 모습은
오른쪽 그림과 같습니다.

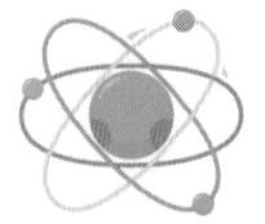

문제를 풀면서 알아보기

다음 □ 안에 알맞은 말을 써 보세요.

- 한자로 對流라고 씁니다.
- 한자의 뜻은 서로 마주 대하며 흐르는 것을 말합니다.
- 온도가 높아진 액체가 위로 이동하고, 이보다 온도가 낮은 액체가 아래로 이동하는 현상을 말합니다.
- 공기의 온도가 높아지면 위로 올라가고 위에 있던 공기는 아래로 내려옵니다.

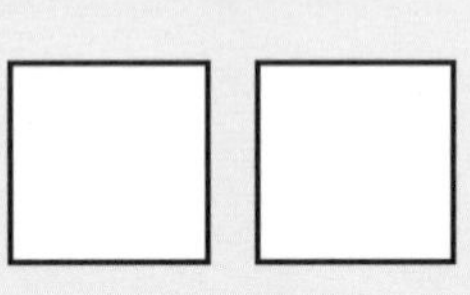

다음은 열의 이동에 관한 내용입니다. 관련된 것들끼리 줄을 이어 보세요.

전도

단열

대류

한자를 읽고 쓰기 연습을 해 보세요.

對

대할 **대**

대(對)는 마주 대한다는 뜻을 지니고 있습니다.

對 對 對 對 對 對

對

流

흐를 **류**

류(流)는 흐른다는 뜻을 지니고 있습니다.

流 流 流 流

流

초등학교 과학 5학년 1학기

陽 太 系 行 星

'행성'은 움직이는
별이라는 뜻이래!

당장 '행성'을
보러 가자!

2

태양계와 별

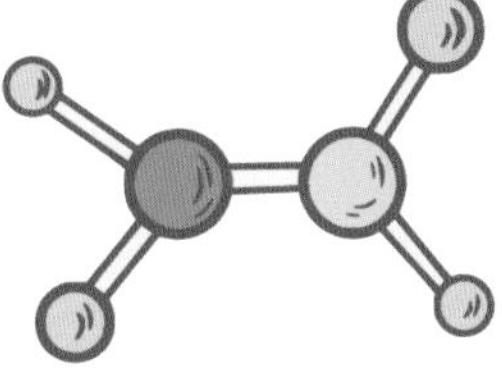

한쏙 어휘 2-1

태양계 太陽系

무슨 뜻인가요?

빙하기(氷河期)를 아시나요?
아주 오랜만에 한 번씩
지구에 아주 큰 빙하기가 찾아옵니다.
빙하기는 한자로 지구의 물이 얼어서 얼음으로 변하는 때를 말합니다.

빙하기에서 빙(氷)은 '얼음 빙'이고, 하(河)는 '물 하'입니다.

지구에 빙하기가 찾아오는 이유는 여러 가지가 있겠지만
대부분 무언가가 햇볕을 가려서 너무 추워지기 때문입니다.

지구에 생물이 살아가기 위해서는
태양에서 비추는 따뜻한 햇볕이 매우 중요합니다.
햇볕이 없으면 생물이 살기 힘들겠죠.

氷 얼음 빙
河 물 하
期 기약할 기

太 클 태
陽 볕 양
系 이을 계

그러므로 태양에서 비추는 햇볕은
우리의 삶을 송두리째 바꿀 수 있는 매우 큰 의미가 있습니다.

그리고 태양은 그 크기가 매우 큽니다.

다음은 태양계에 대해서 알아볼까요?

한자로 태양계(太陽系)에서
계(系)는 서로 이어 준다는 뜻을 지닌 '이을 계' 입니다.

태양 주변의 여러 행성은 태양의 영향을 받고 있습니다.
다른 말로 표현하면
태양은 태양의 영향을 받는 여러 행성을 이어 준다고 할 수 있습니다.

이처럼 '태양과, 태양의 영향을 받는 천체들과 그 공간' 을 태양계라고 합니다.
태양계에는 태양과 수성, 금성, 지구, 화성, 목성, 토성, 천왕성, 해왕성의 8개 행성과
또 다른 여러 가지의 천체가 있습니다.
천체란, 태양이나 행성 등 우주에 있는 것들 모두를 포함하는 말입니다.

태양과 태양계의 여러 가지 행성들

한자로 배워 봐요!

태양(太陽)에서
태(太)는 매우 크다는 뜻이며, '클 태'입니다.
양(陽)은 따뜻한 햇볕을 말하며, '볕 양'입니다.

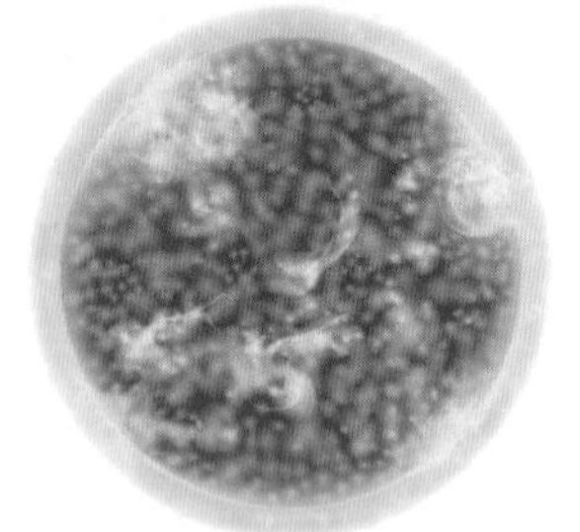

그러므로 태양(太陽)은 매우 크고, 따뜻한 볕을 주는 해를 말합니다.

한자로 태양(太陽)은 매우 크고, 따뜻한 볕을 주는 해를 말합니다.

태양(太陽)을 한자로 쓰고 소리를 내어 읽어 봅시다.

교과서에서 살펴보기

교과서에서는
태양계를 구성하는 여러 행성의 특징을 공부합니다.
수성, 금성, 지구, 화성은 표면이 돌이고, 목성, 토성, 천왕성, 해왕성은 기체로 이루어져 있습니다.
토성은 선명한 고리가 있습니다.

다음은 태양계를 구성하는 여러 행성의 특징입니다.

태양계의 여러 행성의 특징

이름	모습	특징	이름	모습	특징
수성		회색, 표면이 돌	목성		줄무늬, 표면이 기체
금성		노란색, 표면이 돌	토성		크고 선명한 고리, 표면이 기체
지구		물과 공기, 표면이 바다와 육지	천왕성		청록색, 표면이 기체
화성		붉은색, 표면이 돌	해왕성		파란색, 표면이 기체

교과서에서는 또
태양계에 있는 행성들의 크기를 비교하는 공부를 합니다.

태양계에서 가장 큰 행성은 목성이고, 가장 작은 행성은 수성입니다.

지구의 반지름이 1이라면
목성은 11.2이고
토성은 9.4입니다.
또 화성은 지구의 절반입니다.
지구와 크기가 가장 비슷한 행성은 금성입니다.

태양은 약 109배나 됩니다.
엄청나게 크죠? 그래서 한자로 太陽(태양)인가 봅니다.

다음은 태양계 행성들의 크기를 비교하는 그림입니다.

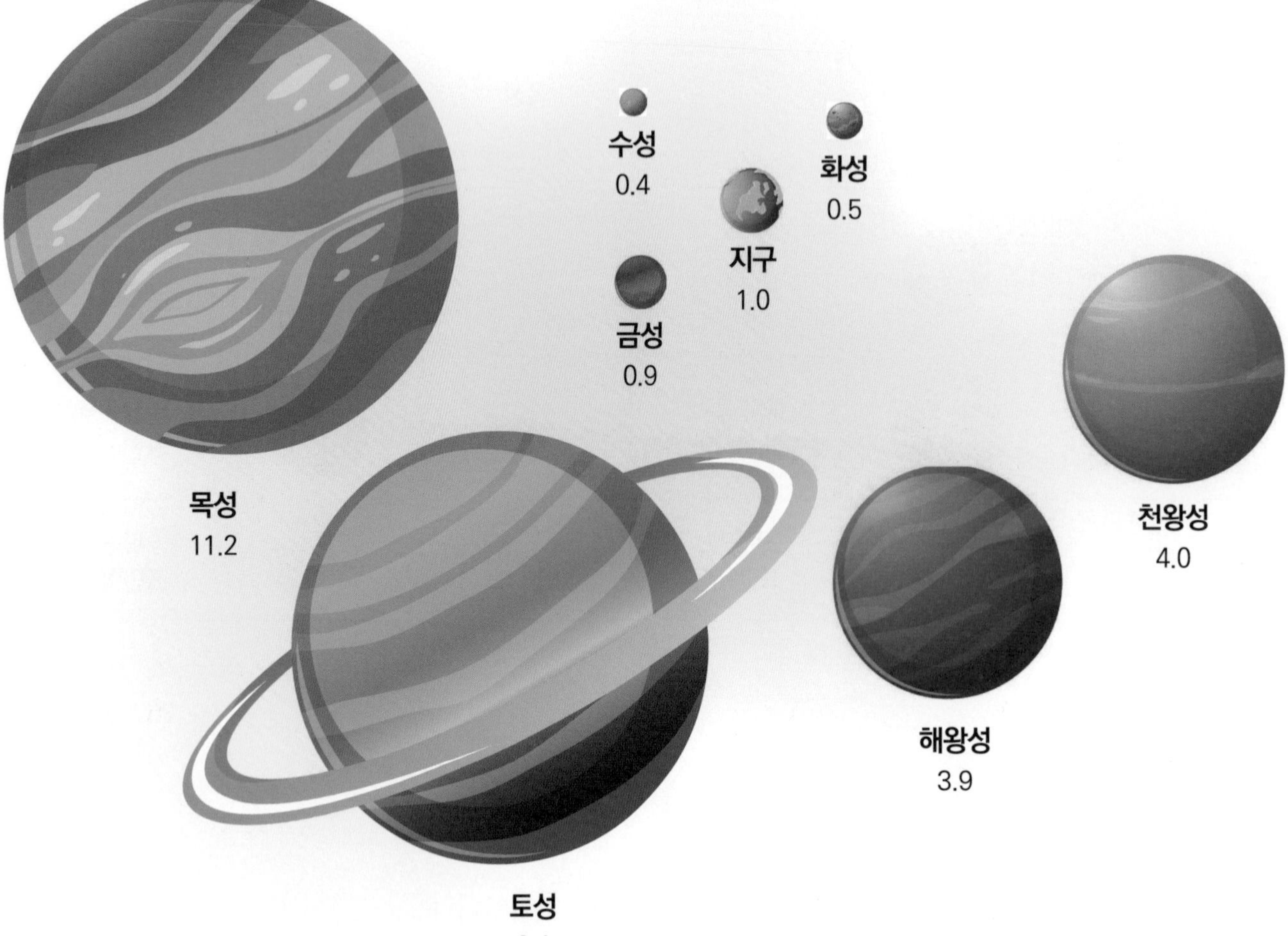

수성
0.4

화성
0.5

지구
1.0

금성
0.9

천왕성
4.0

목성
11.2

해왕성
3.9

토성
9.4

교과서에서는 또
태양에서 행성까지의 거리에 대해 공부합니다.

태양에서 가장 가까운 행성은 수성이고
가장 멀리 있는 행성은 해왕성입니다.

태양에서 가까운 순서는
수성, 금성, 지구, 화성, 목성, 토성, 천왕성, 해왕성입니다.

다음은 태양에서 행성까지의 거리를 나타낸 그림입니다.

위의 그림은 수성, 금성, 지구, 화성이 잘 보이지 않아 조금 확대한 그림이고
아래 그림은 태양부터 해왕성까지의 전체를 보여 주는 그림입니다.

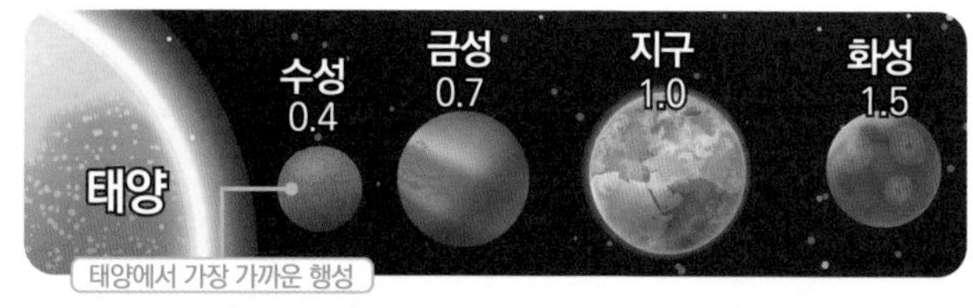

수성, 금성, 지구, 화성은 태양 가까이에 있습니다.
목성, 토성, 천왕성, 해왕성은 상대적으로 멀리 있습니다.

태양에서 지구까지의 거리가 1이라면
목성까지는 5.2, 해왕성까지는 약 30입니다.

문제를 풀면서 알아보기

다음 □ 안에 알맞은 말을 써 보세요.

- 한자로 太陽系라고 씁니다.
- 태양과, 태양의 영향을 받는 천체들과 그 공간을 말합니다.

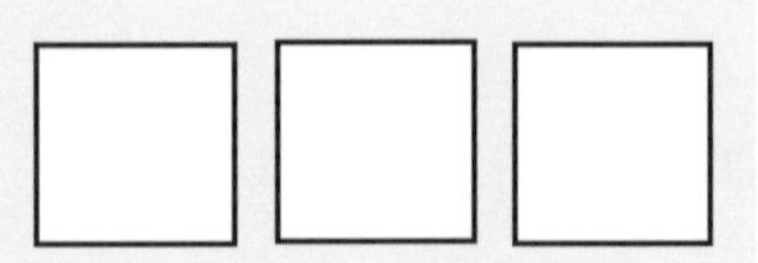

다음은 태양계 여러 행성과 특징에 관한 내용입니다. 관련된 것들끼리 줄을 이어 보세요.

목성 •	• 크고 선명한 고리
토성 •	• 줄무늬, 표면이 기체
화성 •	• 붉은색, 표면이 돌

다음의 태양계 여러 행성 중에서, 지구보다 크기가 더 큰 행성은 무엇인지 고르세요. (　　)

① 수성　　② 금성

③ 화성　　④ 목성

한자를 읽고 쓰기 연습을 해 보세요.

太 클 태

태(太)는 매우 크다는 뜻을 지니고 있습니다.

太 太 太

太

陽 볕 양

양(陽)은 따뜻한 햇볕을 뜻합니다.

陽 陽 陽 陽

陽

한쏙 어휘 2-2

행성

行星

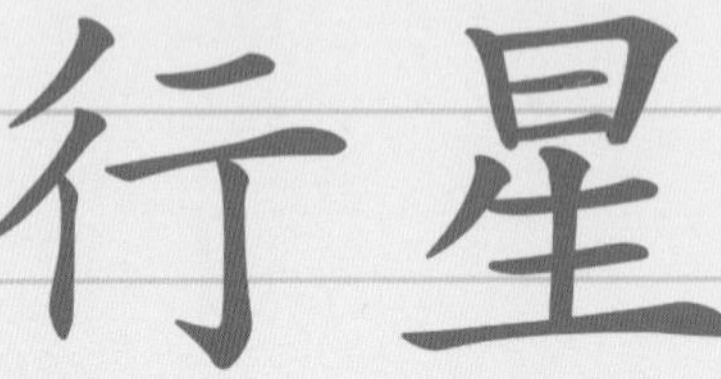

무슨 뜻인가요?

밤하늘에 금성을 여러 날 동안 관찰해 보면
그 위치가 계속 변한다는 것을 알 수 있습니다.
이렇게 위치가 변하는 천체를 행성이라고 합니다.

한자로 배워 봐요!

행성(行星)에서

행(行)은 '움직인다' 또는 '걸어간다'는 뜻이 있으며 '갈 행'입니다.

성(星)은 '별 성'입니다.

그러므로 행성(行星)은 '움직이는 별'입니다.

한자로 행성(行星)은 움직이는 별을 뜻합니다.

행성(行星)을 한자로 쓰고 소리를 내어 읽어 봅시다.

교과서에서 살펴보기

교과서에서는
행성과 별의 차이를 공부합니다.

별은 스스로 빛을 냅니다.
태양계에서 별은, 스스로 빛을 내는 태양 하나뿐입니다.

행성은 스스로 빛을 내지 못합니다.
우리가 행성을 볼 수 있는 것은
태양 빛이 반사되었기 때문입니다.

태양계의 별과 행성

별	태양		스스로 빛을 낸다.
행성	수성, 금성 지구, 화성 목성, 토성 천왕성, 해왕성		스스로 빛을 내지 못한다.

교과서에서는 또
여러 날 동안 금성과 화성을 관찰하는 공부를 합니다.

여러 날 동안 금성과 화성을 관찰하면
행성의 위치가 변하는 것을 알 수 있습니다.

그러므로 금성도 화성도 모두 행성입니다.

다음은 여러 날 동안 관찰한 금성의 움직임입니다.

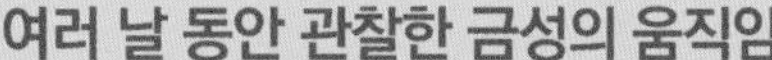

여러 날 동안 관찰한 화성의 움직임

문제를 풀면서 알아보기

다음 중 행성이 아닌 별은 무엇인지 고르세요. (　　)

① 태양　　② 수성

③ 금성　　④ 화성

다음 □ 안에 알맞은 말을 써 보세요.

ㅇ 한자로 行星이라고 씁니다. ㅇ 한자의 뜻은 '움직이는 별'입니다.	□□
ㅇ (　　)은 스스로 빛을 냅니다. ㅇ 태양계에서 (　　)은, 스스로 빛을 내는 태양 하나뿐입니다.	□
ㅇ (　　)은 스스로 빛을 내지 못합니다. ㅇ 우리가 (　　)을 볼 수 있는 것은, 태양 빛이 반사 되었기 때문입니다.	□□

한자를 읽고 쓰기 연습을 해 보세요.

行 갈 **행**

행(行)은 '움직인다' 또는 '걸어간다'는 뜻을 지니고 있습니다.

行 行 行

行

星 별 **성**

성(星)은 별을 뜻합니다.

星 星 星

星

초등학교 과학 5학년 1학기

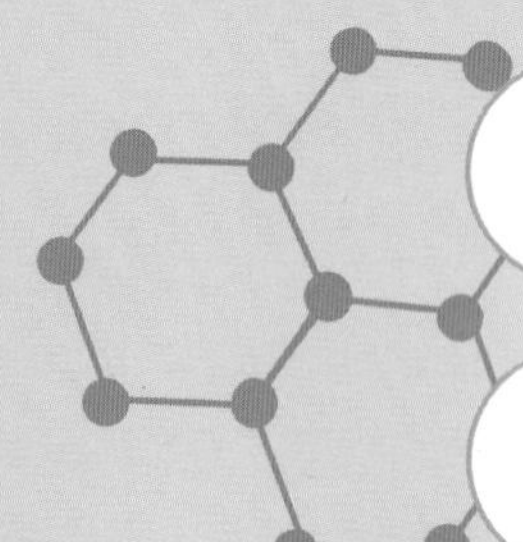

물에 '설탕'을 이만큼 넣어 보면 어떻게 될까?

아마 물의 양은 그대로일걸?

3

용해와 용액

한쏙 어휘 3-1

용해 溶解

무슨 뜻인가요?

설탕이 녹아 설탕물이 되고 싶습니다.
설탕이 녹기 위해서는 무언가가 녹을 수 있도록 도와주어야 합니다.

누군가 결혼할 상대를 구하고 있습니다.
결혼할 상대를 구하기 위해서는
누군가가 도움을 주면 좋습니다.

결혼할 상대 찾는 것을 도와주는 사람을
중매자라고 합니다.
설탕도 중매자가 필요합니다.

이때 설탕이 녹을 수 있게 도와주는 것이 물입니다.
그래서 물은 중매자라 할 수 있습니다. 다른 말로 매개자라 합니다.
설탕이 녹을 수 있도록 매개해 주는 물을 용매(溶媒)라고 합니다.

溶 녹을 용

媒 중매 매

용매(溶媒)에서
용(溶)은 '녹을 용'이고, 매(媒)는 '중매 매'입니다.

溶
녹을 용
質
바탕 질

설탕이 물에 녹을 때 녹는 물질은 설탕입니다.
이때 녹는 물질을 용질이라고 합니다.

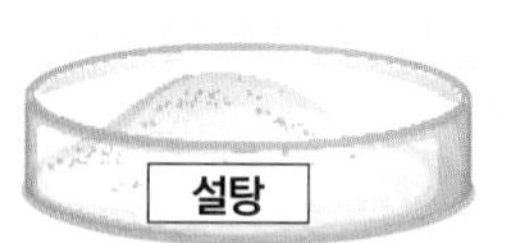

용질(溶質)에서
용(溶)은 '녹을 용'이고
질(質)은 물질을 나타내고, '바탕 질'입니다.

그러므로 녹는 물질을 용질(溶質)이라고 말합니다.

이제 용해에 대해서 알아보겠습니다.
한자로 용해는 溶解라고 씁니다.
설탕물에서 설탕이 물에 섞여
우리 눈에 보이지 않게 흩어지는 것을 볼 수 있는데
이런 현상을 용해(溶解)라고 합니다.

다음 그림은 **설탕 용질이 물 용매에 용해되는** 것을 나타낸 것입니다.

한자로 배워 봐요!

용해(溶解)에서
용(溶)은 '녹을 용'이고
해(解)는 골고루 섞여 흩어지는 것을 뜻하며, '흩어질 해'입니다.

용해(溶解)는 설탕이 물에 섞이듯 골고루 섞여 흩어지는 것을 말합니다.

한자로 용해(溶解)는 녹아서 골고루 섞여 흩어지는 것을 말합니다.

용해(溶解)를 한자로 쓰고 소리를 내어 읽어 봅시다.

교과서에서 살펴보기

교과서에서는
물에 용해가 잘 되는 물질과 용해가 되지 않는 물질에 대해 공부합니다.

설탕과 소금은 물에 잘 용해됩니다.

그러나 밀가루나 미숫가루, 들깻가루를 물에 섞어 보면 완전히 섞이지 않습니다.
다른 말로 표현하면 용해가 되지 않습니다.

용해되는 것과 용해가 안 되는 것

결과	섞은 것	섞은 후
용해됨	설탕물	설탕물
용해 안 됨	밀가루	밀가루 물
	미숫가루	미숫가루 물

50g의 물이 들어 있는 비커에
설탕 가루 12g을 넣어 용해시키면 무게는 어떻게 변할까요?

완전히 용해되었으니 원래의 물 무게인 50g일까요?
아니면 설탕 무게가 그대로 남아 있어서 62g이 될까요?

교과서에서는
용해된 후에 무게에 변화가 있는지 알아보는 공부를 합니다.

다음은 설탕이 물에 용해될 때의 무게의 변화를 알아보는 실험 모습입니다.

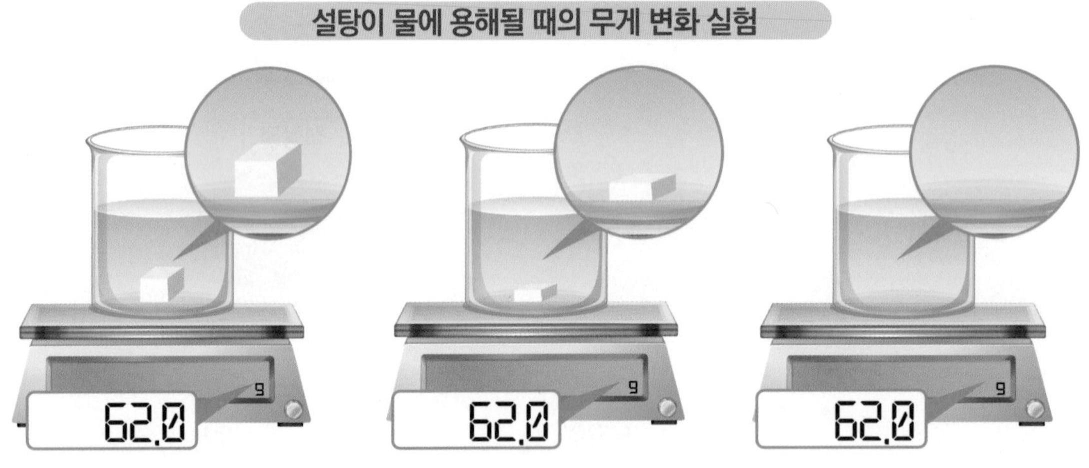

이 실험을 통해 설탕은 물에 용해되어도 그 무게가 사라지지 않음을 알 수 있습니다.
그러므로 설탕물의 무게는 물의 무게에 설탕의 무게를 합한 것과 같습니다.

설탕 의 무게 + 물 의 무게 = 설탕물 의 무게

분말로 된 주스를
물에 녹여 본 적이 있나요?

따뜻한 물과 차가운 물 중 어디에서 더 잘 용해될까요?

교과서에서는 또
용매인 물의 온도에 따라
용질의 용해되는 양이 다른지 알아보는 공부를 합니다.

같은 양의 따뜻한 물과 차가운 물에
백반이나 염화암모늄, 붕산 등을 용해해 보면
온도에 따른 녹는 양을 비교할 수 있습니다.

온도에 따른 녹는 양 비교 실험

실험 결과
대부분의 용질은
물의 온도가 높을 때 더 많이 용해되는 것을 알 수 있습니다.

다른 말로 표현하면
용질이 물에 용해되는 양은, 물의 온도에 따라 변합니다.

문제를 풀면서 알아보기

다음 □ 안에 알맞은 말을 써보세요.

ㅇ 한자로 溶媒라고 씁니다. ㅇ 설탕을 물에 녹이는 경우 물을 말합니다.	□□
ㅇ 한자로 溶質이라고 씁니다. ㅇ 한자로 '녹는 물질'이라는 뜻이 있습니다. ㅇ 설탕을 물에 녹이는 경우 설탕을 말합니다.	□□
ㅇ 한자로 溶解라고 씁니다. ㅇ 한자로 '녹아서 골고루 섞여 흩어진다.'는 뜻이 있습니다.	□□

다음은 온도가 다른 두 개의 물에 설탕을 용해하는 실험과 관련된 그림입니다. 두 개의 비커 중 설탕이 더 많이 녹는 쪽을 찾아, □안에 < 또는 >로 표시하세요.

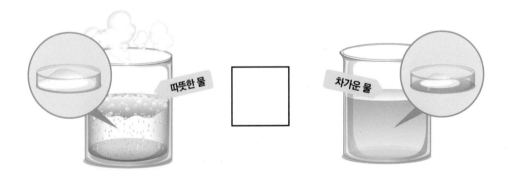

한자를 읽고 쓰기 연습을 해 보세요.

녹을 **용**

용(溶)은 녹는다는 뜻을 지니고 있습니다.

溶 溶 溶 溶 溶

溶

解

흩어질 **해**

해(解)는 골고루 섞여 흩어지는 것을 뜻합니다.

解 解 解 解

解

한쪽 어휘 3-2

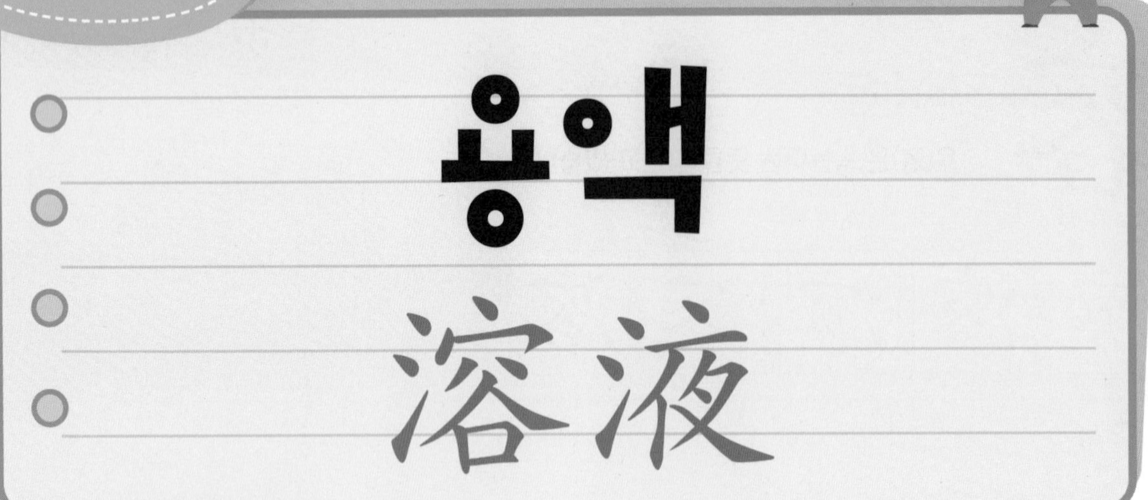

무슨 뜻인가요?

지난 시간에 용해를 공부했습니다.
용매와 용질에 관해서도 공부했죠?

용해는 어떤 물질이 다른 물질에 골고루 섞이는 현상을 말합니다.

이번에는 용액에 대해 알아보겠습니다.
한자로 용액은 溶液이라고 씁니다.

용매와 용질, 용해와 용액에는
한자 溶(용)이 들어갑니다.

모두 녹는 것과 관련이 있기 때문입니다.

한자로 배워 봐요!

용액(溶液)에서
용(溶)은 '녹을 용' 입니다.
액(液)은 액체를 뜻하며, '진 액' 입니다.

그러므로 한자로 용액(溶液)은 '무엇이 녹아 있는 액체'를 뜻합니다.

한자로 용액(溶液)은 무엇이 녹아 있는 액체라는 뜻입니다.

용액(溶液)을 한자로 쓰고 소리를 내어 읽어 봅시다.

교과서에서 살펴보기

교과서에서는 먼저
용액이란 무엇인지에 관해 공부합니다.

그리고 용질과 용매, 그리고 용해와 용액의 관계에 대해서 공부합니다.

물에 설탕을 용해하면 설탕물이 만들어집니다.
이 설탕물을 용액이라고 합니다.

물에 소금을 용해하면 소금물이 만들어집니다.
이 소금물을 용액이라고 합니다.

용액이란 용매와 용질이 골고루 섞여 있는 물질을 말합니다.
다음은 용질과 용매, 그리고 용해와 용액의 관계를 나타낸 그림입니다.

용매에 용질이 용해되면 용액이 되는 것입니다.

용질과 용매, 그리고 용해와 용액의 관계

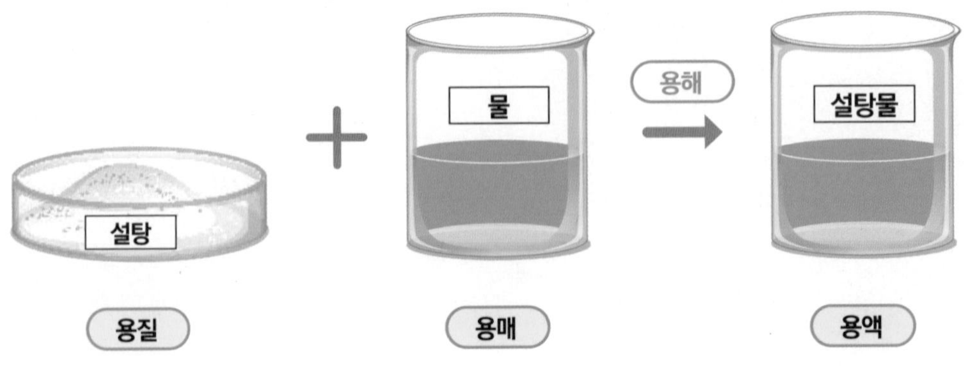

교과서에서는 또 용액의 진하기를 비교하는 공부를 합니다.
용액의 진하기를 비교하는 방법은 여러 가지가 있습니다.

색깔이 있는 용액은 색깔의 진하기를 비교해 봅니다.
진한 색깔의 용액이 더 진한 용액이겠죠?

맛을 볼 수 있는 용액은 맛의 강하기를 비교해 봅니다.
맛이 강한 용액이 더 진한 용액이겠죠?

색깔이나 맛으로 비교할 수 없는 용액은
그 진하기를 어떻게 비교할 수 있을까요?

색깔이나 맛으로 용액의 진하기를 비교할 수 없는 경우에는
진하기에 따라 뜨고 가라앉는 정도가 다른 물체를 넣어 보면 됩니다.

다음 그림은 진하기가 다른 두 개의 소금물 용액에 메추리알을 넣어보는 실험입니다.

메추리알을 이용하여 용액의 진하기를 비교하는 실험

진하지 않은 용액

진한 용액

진한 용액일수록 메추리알이 위로 떠오릅니다.

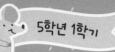

문제를 풀면서 알아보기

다음 □ 안에 알맞은 말을 써 보세요.

- 한자로 溶液이라고 씁니다.
- 한자로 '무엇이 녹아 있는 액체'라는 뜻을 지니고 있습니다.
- 용매와 용질이 골고루 섞여 있는 물질입니다.

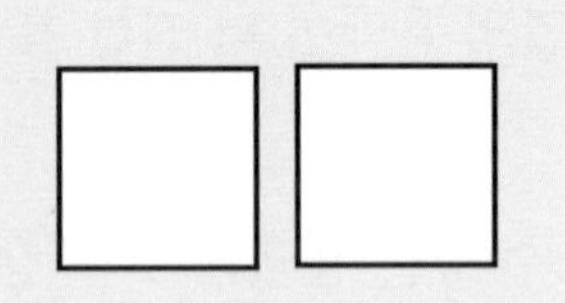

다음 중 서로 관련된 것끼리 줄을 이으세요.

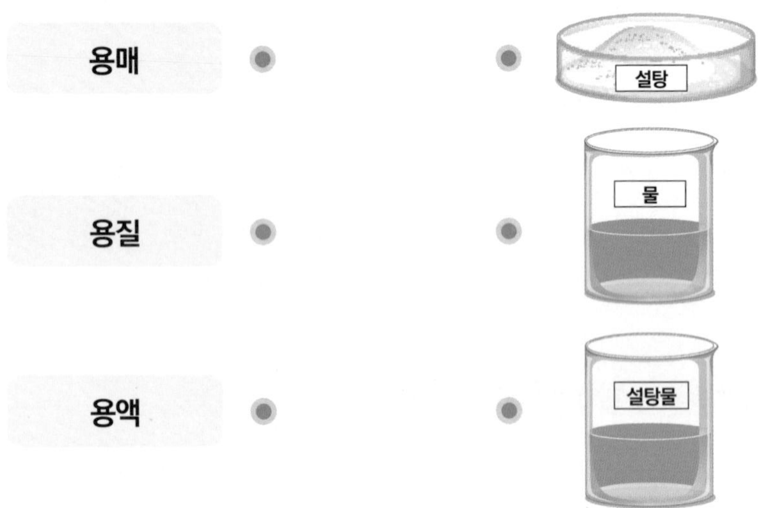

다음은 소금물 용액에 메추리알을 띄운 모습입니다. 두 용액 중 더 진한 용액을 찾아, □ 안에 < 또는 >로 표시하세요.

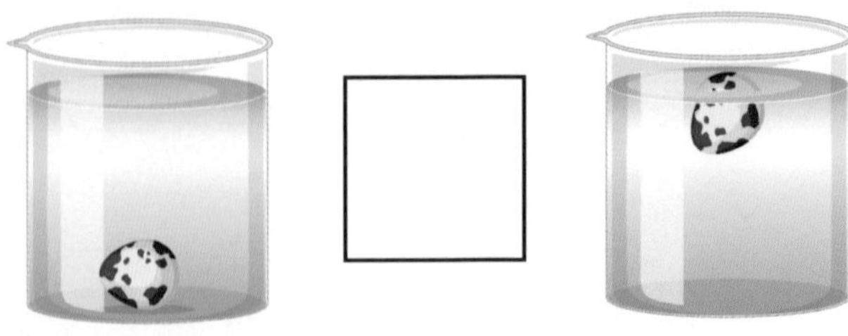

한자를 읽고 쓰기 연습을 해 보세요.

녹을 **용**

용(溶)은 녹는다는 뜻을 지니고 있습니다.

溶 溶 溶 溶 溶

溶

液

진 **액**

액(液)은 액체를 뜻합니다.

液 液 液 液

液

초등학교 과학 5학년 2학기

내가 심은 토마토가 열렸으니 난 생산자일까?

그 토마토를 먹는 나는 소비자겠네?

1
생물과
환경

한쏙 어휘

1-1

생태계

生態界

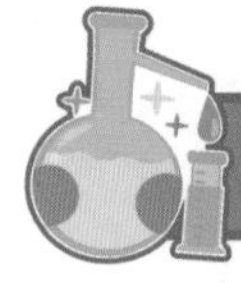

무슨 뜻인가요?

연못은
생태계를 이루고 있습니다.

바다도 생태계를 이루고 있고
사막도 생태계를 이루고 있습니다.

숲도 생태계를 이루고 있습니다.
습지도 생태계를 이루고 있습니다.

지구에는 크고 작은 여러 개의 생태계가 있습니다.
지구도 하나의 커다란 생태계라 할 수 있습니다.

그럼 생태계란 무엇일까요?
한자로 생태계는 生態界라고 씁니다.

한자로 배워 봐요!

생태계(生態界)에서
생(生)은 '날 생'이고, 생물과 생물이 아닌 비생물 모두를 뜻합니다.
태(態)는 모습을 뜻하며, '모습 태'라고 읽습니다.
계(界)는 '이을 계'로, 생물과 비생물 모두를 이어 준다는 뜻입니다.

그러므로 한자로 생태계(生態界)는 '생물과 비생물이 서로 이어져 있는 모습'을 뜻합니다.

한자로 생태계(生態界)는 생물과 비생물이 서로 이어져 있는 모습을 뜻합니다.

생태(生態)를 한자로 쓰고 소리를 내어 읽어 봅시다.

교과서에서 살펴보기

교과서에서는
먼저 생태계가 무엇인지 그 뜻을 공부합니다.

또 '생태계란 어떤 장소에서 서로 영향을 주고받는 생물 요소와 비생물 요소'라고 배웁니다.

지금부터 '어떤 장소'와 관련해서
그리고 다음으로 '생물 요소'와 '비생물 요소'에 대해 차례대로 공부해 볼까요?

먼저 '어떤 장소'에 대해서 알아보겠습니다.
생태계는 장소에 따라 크고 작은 여러 개가 있다고 했습니다.

연못에는, 그 연못의 생태계가 있습니다.
그 연못 안에서 생물과 비생물이 서로 영향을 주며 살아가고 있습니다.

숲은, 그 숲의 생태계가 있습니다.
그 숲 안에서 생물과 비생물들이 서로 영향을 주며 살아가고 있습니다.

습지는, 습지의 생태계가 있습니다.
습지 안에서 생물과 비생물들이 서로 영향을 주며 살아가고 있습니다.

바다는, 바다의 생태계가 있습니다.
바다 안에서 생물과 비생물들이 서로 영향을 주며 살아가고 있습니다.

동굴에도, 그 동굴의 생태계가 있습니다.

그러므로
생태계는 장소에 따라 여러 가지 생태계가 있습니다.

다음은 장소에 따른 여러 생태계의 예를 그림으로 나타낸 것입니다.

장소에 따른 여러 가지 생태계

다음은 '생물 요소'와 '비생물 요소'에 대해서 알아볼까요?

3학년 때
'생물'에 대해 공부한 적이 있습니다.

생물(生物)에서
생(生)은 태어나서 살아있다는 뜻으로 '날 생'이고
물(物)은 모든 만물을 뜻하고, '물건 물' 또는 '만물 물'이라고 했습니다.

生
날 생
物
만물 물

생물이란, 생명을 가지고 스스로 살아가는 만물을 말한다고 했습니다.
그리고 생물은 크게 동물과 식물로 나뉘죠?
그러므로 생물은 동물과 식물 모두를 말합니다.

비생물은
생물이 아니라는 뜻입니다.

흙은 비생물입니다.
물과 온도도 비생물입니다.
빛과 공기 등도 비생물입니다.

非
아닐 비
生
날 생
物
만물 물

비생물(非生物)에서
비(非)는 한자로 '아닐 비'입니다.

그러므로
비생물은 '생물이 아니다'는 뜻입니다.

그러면 '요소(要素)'란 무엇일까요?

요소(要素)에서
요(要)는 '꼭 필요한 중요한 것'이라는 뜻으로 '요긴할 요'라고 읽습니다.
소(素)는 '근본'을 뜻하고, '본디 소'라고 읽습니다.

要
요긴할 요
素
본디 소

그러므로

요소(要素)는 '매우 근본적이고 꼭 필요한 중요한 것'이라 할 수 있습니다.

생태계를 구성하는 근본적이고 중요한 요소는

생물 요소와 비생물 요소로 구분합니다.

비생물 요소에는 흙, 물, 빛, 온도, 공기 등이 있습니다.

생물 요소와 비생물 요소는 서로 영향을 주고 받습니다.

다음은 생태계의 구성 요소를 생물 요소와 비생물 요소로 구분한 표입니다.

생태계의 구성 요소 (생물 요소와 비생물 요소)

생물 요소		비생물 요소
동물 요소	식물 요소	비생물 요소
호랑이, 새 개구리, 토끼 등	나무, 풀 등	흙, 물, 햇빛, 온도, 공기 등
생태계 : **서로 영향을 주고 받는다.**		

다음은 여러 가지 비생물 요소들입니다.

생태계의 여러 가지 비생물 요소

흙 물 햇빛 온도

문제를 풀면서 알아보기

다음 □ 안에 알맞은 말을 써 보세요.

ㅇ 한자로 生態界라고 씁니다. ㅇ 한자로는 '생물과 비생물이 서로 이어져 있는 모습'이라는 뜻입니다. ㅇ 어떤 장소에서 서로 영향을 주고받는 생물 요소와 비생물 요소를 말합니다.	□□□

다음은 생태계 구성 요소를 구분한 표입니다. 알맞은 답을 아래에서 찾아 그 번호를 (　　) 안에 써 보세요.

① 호랑이 ② 풀 ③ 물 ④ 나무 ⑤ 온도
⑥ 개구리 ⑦ 흙 ⑧ 새 ⑨ 토끼 ⑩ 공기

생태계의 구성 요소

생물 요소	(1) 동물 요소	(　　　　　　　　)
	(2) 식물 요소	(　　　　　　　　)
비생물 요소	(3) 비생물 요소	(　　　　　　　　)

한자를 읽고 쓰기 연습을 해 보세요.

生

날 **생**

생(生)은 태어나서 살아있다는 뜻을 지니고 있습니다.

生 生 生 生

生

態

모습 **태**

태(態)는 모습을 뜻합니다.

態 態 態 態

態

한쏙 어휘 1-2

생산자
生産者

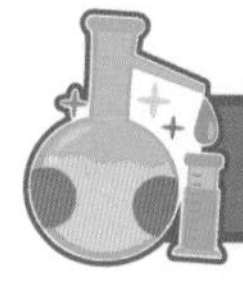

무슨 뜻인가요?

생태계의 생물 요소는
동물과 식물들이라고 했습니다.

생태계의 생물 요소인 동물과 식물은
생산자와 소비자 그리고 분해자로 나눌 수 있습니다.

먼저 생산자에 대해 알아볼까요?

"공장에서 물건을 생산한다."
"수력발전소는 물을 이용해서 전기를 생산합니다."

'생산'이란 이렇게 사용하는 말입니다.

한자로 생산(生産)이란 무언가를 새로 만들어 낸다는 뜻이 있습니다.

한자로 배워 봐요!

생산자(生産者)에서

생(生)은 '만들다' 또는 '낳다'를 뜻하고, '날 생'을 뜻합니다.

산(産)은 '자라다' 또는 '낳다'를 뜻하고, '낳을 산'입니다.

자(者)는 '어떤 사람 또는 어떤 것'을 뜻하고, '놈 자'입니다.

그러므로 한자로 생산자(生産者)는 '스스로 만들고 자라는 것들'을 뜻합니다.

한자로 생산자(生産者)는 스스로 만들고 자라는 것들이라는 뜻입니다.

생산(生産)을 한자로 쓰고 소리를 내어 읽어 봅시다.

교과서에서 살펴보기

교과서에서는
생물 요소는 양분을 얻는 방법에 따라
생산자, 소비자, 분해자로 나눈다는 것을 공부합니다.

그중에서 생산자(生産者)는 '양분을 스스로 만들어 내는 것들'이라는 것을 배웁니다.

벼는
스스로 양분을 만드는
생산자이다.

생산자는 햇빛을 이용하여 스스로 양분을 얻습니다.

햇빛을 이용하여 양분을 얻는 생산자에는
벼 이외에도 소나무, 부들, 마름, 개구리밥, 분꽃 등 여러 가지 식물들이 있습니다.

햇빛을 이용하여 양분을 만드는 생산자의 예

소나무

부들

분꽃

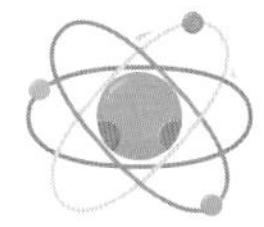

문제를 풀면서 알아보기

다음 □ 안에 알맞은 말을 써 보세요.

- 한자로 生産者라고 씁니다.
- 햇빛을 이용해서 양분을 얻습니다.

□□□

다음 생물 요소 중 생산자가 아닌 것은 무엇인지 고르세요. (　　)

① 벼　　② 소나무

③ 분꽃　　④ 호랑이

한자를 써 봐요!

한자를 읽고 쓰기 연습을 해 보세요.

産

낳을 **산**

산(産)은 '자라다' 또는 '낳다'를 뜻합니다.

産 産 産 産

産

한쏙 어휘 1-3

소비자

消費者

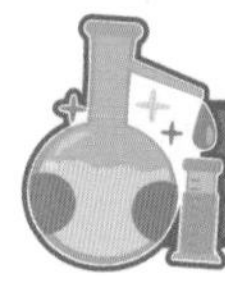

무슨 뜻인가요?

생태계의 생물 요소인 동물과 식물은
생산자와 소비자 그리고 분해자로 나눈다고 했습니다.

이번에는 소비자에 대해 알아보겠습니다.

"올해 쌀 소비량이 작년보다 더 줄었다."
"지구를 위해서 플라스틱 소비를 줄여야 한다."

'소비'는 이렇게 사용하는 말입니다.

한자로 소비(消費)는 무언가를 사라지게 한다는 뜻이 있습니다.

한자로 배워 봐요!

소비자(消費者)에서
소(消)는 '사라질 소' 입니다.
비(費)는 '쓰다' 의 뜻을 지니며, **'쓸 비'** 입니다.
자(者)는 '놈 자' 로, **'어떤 사람 또는 어떤 것'** 을 뜻합니다.

그러므로 한자로 소비자(消費者)는 '써서 사라지게 하는 것들'을 뜻합니다.
생태계에서 소비자(消費者)는 '다른 생물을 먹이로 살아가는 것들'을 뜻합니다.

한자로 소비자(消費者)는 써서 사라지게 하는 것들이라는 뜻입니다.

소비(消費)를 한자로 쓰고 소리를 내어 읽어 봅시다.

교과서에서 살펴보기

교과서에서는 생물 요소는 양분을 얻는 방법에 따라
생산자, 소비자, 분해자로 나눈다는 것을 공부합니다.

그중에서
소비자(消費者)는 '다른 생물을 먹이로 하여 양분을 얻는 것들'이라는 것을 배웁니다.

오리는
다른 생물을 먹이로 하여 양분을
얻는 소비자이다.

소비자는 동물과 같이 다른 생물을 먹어 양분을 얻습니다.

스스로 양분을 만들지 못하고
다른 생물을 먹이로 하여 양분을 얻는 소비자에는
오리 이외에도 메뚜기, 개구리, 배추흰나비 애벌레, 참새 등이 있습니다.

다른 생물을 먹이로 하여 양분을 얻는 소비자의 예

메뚜기

배추흰나비 애벌레

참새

문제를 풀면서 알아보기

다음 □ 안에 알맞은 말을 써 보세요.

- 한자로 消費者라고 씁니다.
- 다른 생물을 먹이로 하여 양분을 얻습니다.

□□□

다음 생물 요소를 생산자와 소비자로 구분하여 생산자이면 '생'을, 소비자이면 '소'를 □ 안에 써 보세요.

① 오리 □

② 메뚜기 □

③ 참새 □

④ 소나무 □

한자를 읽고 쓰기 연습을 해 보세요.

消

사라질 **소**

소(消)는 사라진다는 뜻을 지니고 있습니다.

消 消 消

消

費

쓸 **비**

비(費)는 '쓰다'의 뜻을 지니고 있습니다.

費 費 費 費

費

者 놈 **자**

자(者)는 '놈 자'로, '어떤 사람 또는 어떤 것'을 뜻합니다.

者 者 者

者

한쏙 어휘 1-4

분해자

分解者

무슨 뜻인가요?

생태계의 생물 요소인 동물과 식물은
생산자와 소비자 그리고 분해자로 나눈다고 했습니다.

마지막으로 분해자에 대해 알아보겠습니다.

"주방에 음식물 분해기를 설치하니 편리해졌다."
"비닐이 땅속에서 완전히 분해되려면 수십 년이 걸린다."

'분해'는 이렇게 사용하는 말입니다.

한자로 분해(分解)는 아주 작게 나누어 흩어지게 한다는 뜻이 있습니다.

월 일

한자로 배워 봐요!

분해자(分解者)에서
분(分)은 '나눌 분' 입니다.
해(解)는 '흩어진다'는 뜻을 지니며, '흩어질 해' 입니다.
자(者)는 '놈 자'로, '어떤 사람 또는 어떤 것' 을 뜻합니다.

그러므로 한자로 분해자(分解者)는 '아주 작게 나누어 흩어지게 하는 것들'을 뜻합니다.
생태계에서 분해자(分解者)는 '죽은 생물체나 배출물을 분해하여 양분을 얻는 것들'을 뜻합니다.

한자로 분해자(分解者)는 아주 작게 나누어 흩어지게 하는 것들이라는 뜻입니다.

분해(分解)를 한자로 쓰고 소리를 내어 읽어 봅시다.

교과서에서 살펴보기

교과서에서는
생물 요소는 양분을 얻는 방법에 따라
생산자, 소비자, 분해자로 나눈다는 것을 공부합니다.

그중에서
분해자(分解者)는 '죽은 생물체나 배출물을 분해하여 양분을 얻는 것들'이라는 것을 배웁니다.

스스로 양분을 만들지 못하고
죽은 생물체나 배출물을 먹이로 하여 양분을 얻는 분해자에는
곰팡이와 세균 등이 있습니다.

죽은 생물체나 배출물을 분해하여 양분을 얻는 분해자의 예

곰팡이

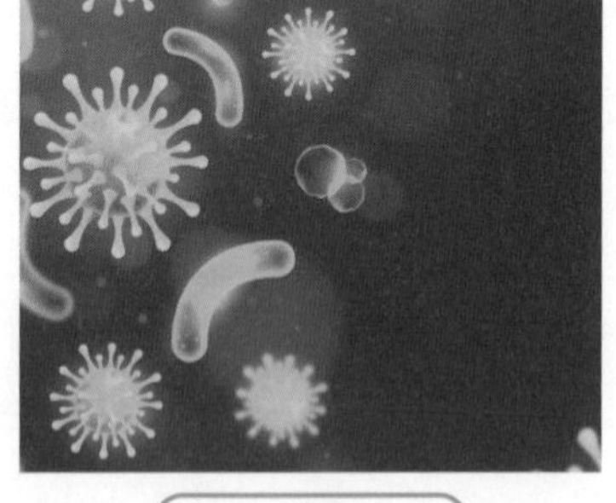
세균

생물 요소 분류

생태계를 이루는 생물 요소는 양분을 얻는 방법에 따라
생산자, 소비자, 분해자로 분류합니다.

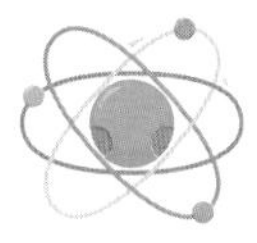

문제를 풀면서 알아보기

다음 □ 안에 알맞은 말을 써 보세요.

- 한자로 分解者라고 씁니다.
- 죽은 생물체나 배설물을 분해하여 양분을 얻습니다.

□□□

다음은 생물 요소에 관한 내용입니다. 관련된 것끼리 줄을 이어 보세요.

생산자 •	• **부들**
	• **분꽃**
소비자 •	• **배추흰나비 애벌레**
	• **곰팡이**
분해자 •	• **세균**

한자를 읽고 쓰기 연습을 해 보세요.

分 나눌 **분**

분(分)은 나눈다는 뜻을 지니고 있습니다.

分 分 分 分

分

解 흩어질 **해**

해(解)는 '흩어진다'는 뜻을 지니고 있습니다.

解 解 解 解

解

者 놈 **자**

자(者)는 '놈 자'로, '어떤 사람 또는 어떤 것'을 뜻합니다.

者 者 者

者

초등학교 과학 5학년 2학기

2

날씨와 우리 생활

한쏙 어휘

2-1

습도
濕度

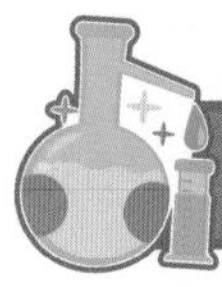

무슨 뜻인가요?

4학년 때 수증기에 대해서 배운 적이 있습니다.

다시 한번 간단하게 공부해 볼까요?

주전자에 물을 끓이면 하얀 김이 피어오르고
피어오른 하얀 김은 곧 보이지 않게 됩니다.

물은 공기 중으로 들어가면 눈에 보이지 않게 되는데
그것을 수증기라고 합니다.

수증기는 눈에 보이지 않지만, 분명히 공기 중에 있습니다.
수증기는 눈에 보이지 않지만, 몸으로 느낄 수는 있습니다.

습도가 높은 장소에 있으면 피부가 끈적끈적함을 느낍니다.

공기 중에 들어 있는 수증기가
어느 정도인지를 나타내는 숫자가 습도입니다.

숫자가 높으면 습도가 높다라고 하고
숫자가 낮으면 습도가 낮다라고 합니다.

한자로 배워 봐요!

습도(濕度)에서
습(濕)은 축축하게 젖어 있다는 뜻으로, '젖을 습' 또는 '축축할 습'입니다.
도(度)는 어떤 정도를 뜻합니다. 법도라는 뜻도 있어 '법도 도'입니다.

그러므로 한자로 습도(濕度)는 '축축한 정도'를 뜻합니다.

한자로 습도(濕度)는 축축하게 젖어 있는 정도라는 뜻입니다.

습도(濕度)를 한자로 쓰고 소리를 내어 읽어 봅시다.

교과서에서 살펴보기

교과서에서는
먼저 습도가 무엇인지 그 뜻을 공부합니다.

또 '습도란 공기 중에 수증기가 포함되어 있는 정도'라고 배웁니다.

그리고 건습구 습도계를 가지고 습도를 측정하는 공부를 합니다.

먼저 건습구 습도계에 대해서 알아볼까요?

건습구 습도계에는 건구온도계와 습구온도계 두 개가 나란히 붙어 있습니다.
건습구 습도계는 건구온도계와 습구온도계의 온도 차이를 이용해서 습도를 측정합니다.

건구온도계는 보통의 온도계이고, 습구온도계는 아랫부분에 헝겊을 묶고
그 헝겊을 물에 넣어 둔 온도계입니다.

다음은 건구와 습구를 그림으로 나타낸 것입니다.

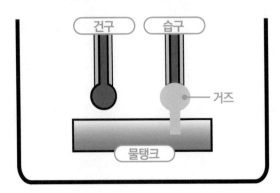

건습구 습도계의 건구와 습구

건구
습구
거즈
물탱크

건구와 습구를 한자로 어떻게 쓰는지 알아볼까요?

乾 球
마를 건 공 구

濕 球
젖을 습 공 구
거즈

먼저 건구는
한자로 乾球(건구)라고 씁니다.

건구(乾球)에서
건(乾)은 말라 있다는 뜻으로 '마를 건'입니다.
구(球)는 동그란 모양을 뜻하고, '공 구'입니다.
그러므로 건구온도계는, 온도계의 아래 동그란 공 모양의 끝이 말라 있는 온도계를 말합니다.

그리고 습구는
한자로 濕球(습구)라고 씁니다.
앞에서 습(濕)은 축축하게 젖어 있다는 뜻으로, '젖을 습' 또는 '축축할 습'으로 읽는다고 했습니다.
그러므로 습구온도계는, 온도계의 아래 동그란 공 모양의 끝이 축축하게 젖어 있는 온도계를 말합니다.

건구 온도와 습구 온도를 재 보면 일반적으로 습구 온도가 좀 낮습니다.

습도가 높을수록 서로의 온도 차이가 적고
습도가 낮을수록 서로의 온도 차이가 더 큽니다.

이러한 점을 이용해서 만든 습도계가 건습구 습도계입니다.

건습구 습도계로 습도를 잴 때는
먼저 두 온도계의 온도 차이를 알아본 후
두 온도계의 가운데 붙어 있는 습도표에서 습도를 찾아 확인합니다.

다음은 건습구 습도계의 모습입니다.

건습구 습도계

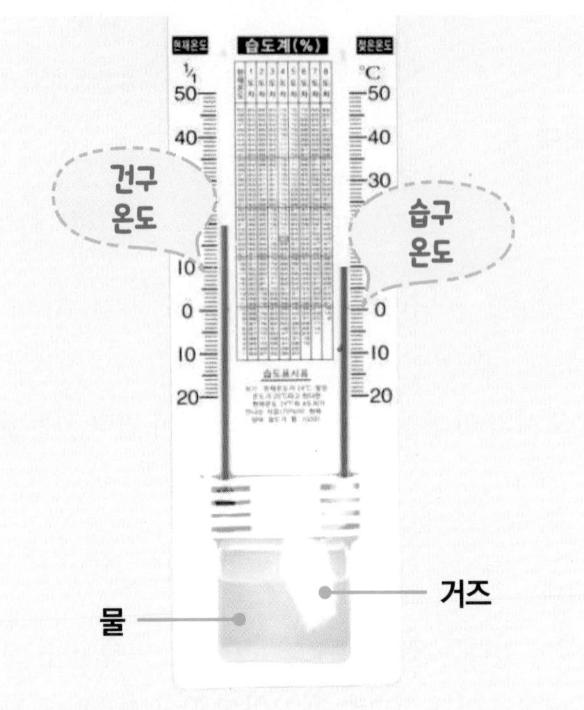

지금부터는 건습구 습도계의 습도계 읽는 방법에 대해 알아볼까요?

건습구 습도계에서
건구온도가 21℃이고, 습구온도가 19℃여서
건구온도와 습구온도의 차이가 2℃이면

습도는 83%입니다.

다음 습도표를 보고, 습도를 어떻게 재는지 잘 살펴보세요.

건습구 습도계의 습도표를 읽는 방법

건구 온도 (℃)	건구 온도와 습구 온도의 차(℃)					
	0	1	② 2	3	4	5
19	100	91		74	65	57
20	100	91		74	66	59
① 21			③ 83	75	67	60
22	100	92	83	75	68	61
23	100	92	84	76	69	62
24	100	92	84	77	69	62

교과서에서는 또
습도가 우리 생활에 미치는 영향에 대해 공부합니다.

비가 오는 날은 습도가 높습니다.

습도가 높으면
몸이 끈적하고 불쾌감을 느낍니다.
습도가 높으면 빨래도 잘 마르지 않습니다.
습도가 높으면 또 음식이 잘 상하고 곰팡이도 많이 생깁니다.
습도가 높을 때는 제습기를 사용해서 습도를 낮출 수 있습니다.

습도가 높을 때의 우리 생활

빨래가 잘 마르지 않는다.

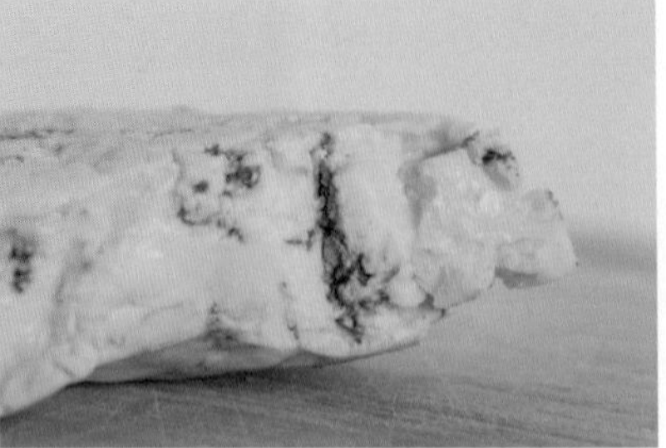

음식물이 잘 상하고 곰팡이도 잘 생긴다.

제습기 사용

습도가 낮으면 쾌적함을 느낍니다.
그러나 습도가 낮으면
피부가 건조해지고 산불이 많이 날 수 있습니다.
습도가 낮을 때는 가습기를 사용해서 습도를 높일 수 있습니다.

습도가 낮을 때의 우리 생활

산불이 많이 날 수 있다.

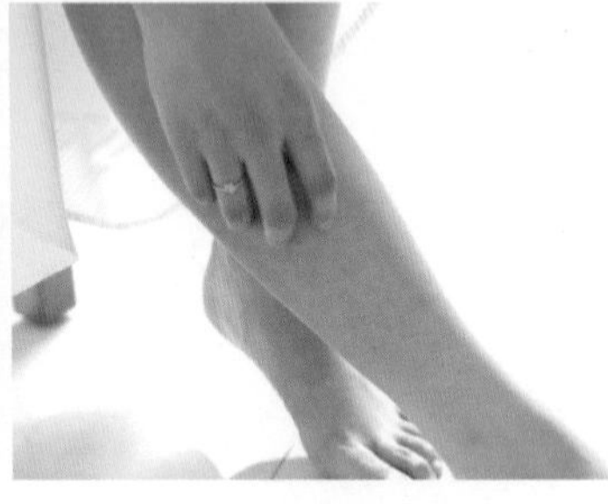

피부가 건조함을 느낀다.

가습기 사용

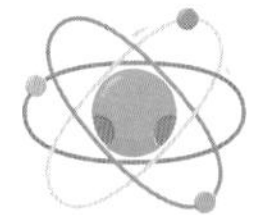

문제를 풀면서 알아보기

다음 □ 안에 알맞은 말을 써 보세요.

- 한자로 濕度라고 씁니다.
- 한자로 축축하게 젖어 있는 정도라는 뜻입니다.
- 공기 중에 수증기가 포함되어 있는 정도입니다.

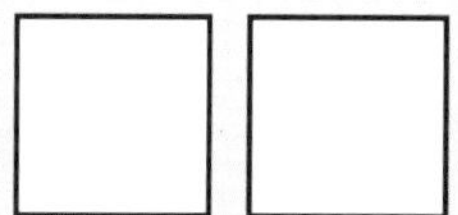

다음은 건습구 습도계와 습도표를 보고, (   ) 안에 습도가 얼마인지 써 보세요.

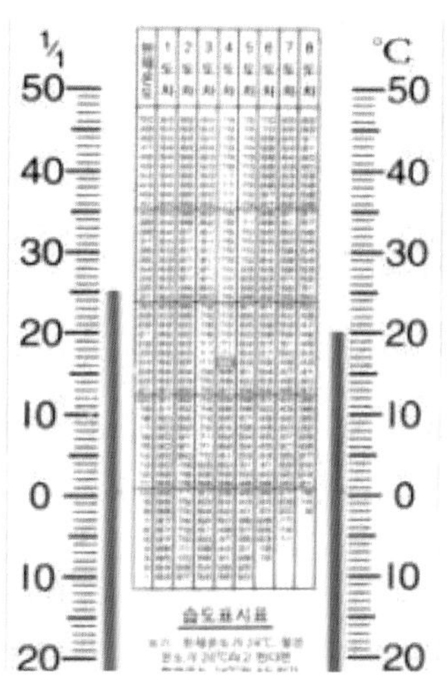

건구 온도 (℃)	건구 온도와 습구 온도의 차(℃)				
	1	2	3	4	5
15	90	80	70	61	52
16	90	81	71	62	54
17	90	81	72	63	55
18	91	82	73	64	56
19	91	82	74	65	57
20	91	83	74	66	59
21	92	83	75	67	60
22	92	83	75	68	61
23	92	84	75	69	62
24	92	84	77	69	62
25	92	84	77	70	63

습도 : (   ) %

다음 중 습도가 낮을 때와 관련된 것은 무엇인지 고르세요. (   )

① 빨래가 잘 마르지 않는다.　② 음식물이 잘 상한다.

③ 곰팡이가 잘 생긴다.　④ 산불이 많이 날 수 있다.

한자를 읽고 쓰기 연습을 해 보세요.

젖을 **습**

습(濕)은 축축하게 젖어 있다는 뜻을 지니고 있습니다.

濕 濕 濕 濕

濕

度

정도 **도**

도(度)는 어떤 정도를 뜻합니다.

度 度 度 度

度

乾 마를 건

건(乾)은 말라 있다는 것을 뜻합니다.

乾 乾 乾 乾

乾

한쪽 어휘 2-2

기압

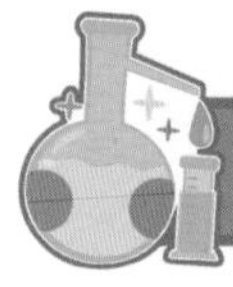

무슨 뜻인가요?

공기도 무게가 있을까요?
물론 공기도 무게가 있습니다.

아래 그림은 공기도 무게가 있다는 것을 쉽게 알 수 있는 실험입니다.

같은 크기에 같은 양의 공기를 넣은 풍선은 무게는 수평이지만,
한쪽 풍선의 공기를 빼면 한쪽으로 기울어집니다.

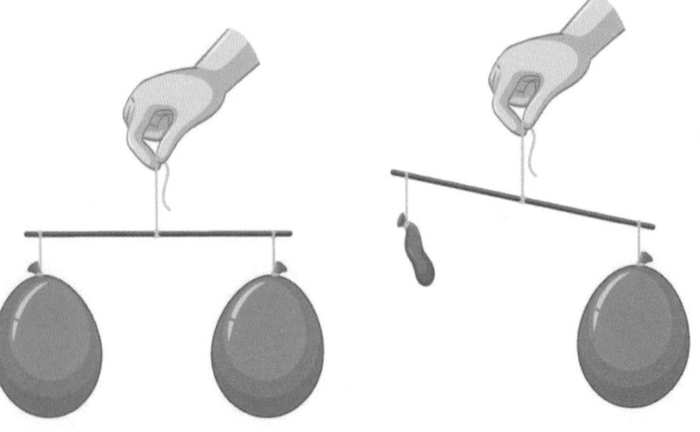

한자로 배워 봐요!

기압(氣壓)에서
기(氣)은 공기를 뜻하고, '기운 기' 입니다.
압(壓)은 누른다는 뜻으로, '누를 압' 입니다.

그러므로 한자로 기압(氣壓)은 '공기가 누르는 힘'을 뜻합니다.

한자로 기압(氣壓)은 공기가 누르는 힘이라는 뜻입니다.

기압(氣壓)을 한자로 쓰고 소리를 내어 읽어 봅시다.

교과서에서 살펴보기

교과서에서는
'기압이란 공기의 무게로 생기는 힘'이라고 배웁니다.

교과서에서는 또
따뜻한 공기와 차가운 공기의 무게가
서로 어떻게 다른지 실험을 통해 알아봅니다.

온도가 다른 공기의 무게를 비교해 보기 위해서는
똑같은 통을 2개를 준비하고
찬 공기와 따뜻한 공기를 똑같은 시간 동안 넣은 후
각각의 무게를 전자저울로 재어 비교해 보면 됩니다.

온도에 따른 공기의 무게 비교 실험

드라이기의 찬 공기를 넣고 전자저울로 무게를 잰다.
(더 무겁다)

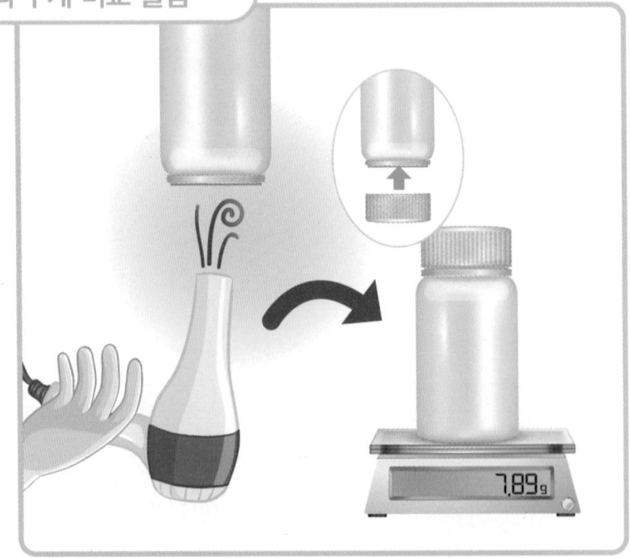

드라이기의 **따뜻한 공기**를 넣고 전자저울로 무게를 잰다.
(더 가볍다)

이 실험 결과 따뜻한 공기는 가볍고
차가운 공기가 더 무겁다는 것을 알 수 있습니다.

교과서에서는 또
고기압과 저기압에 대해서 공부합니다.

실험을 통해
차가운 공기가 상대적으로 더 무겁다는 것을 알았습니다.
그러므로 차가운 공기의 기압이 더 높습니다.
이것을 고기압(高氣壓)이라고 합니다.

고기압(高氣壓)에서
고(高)는 '높을 고' 입니다.
그러므로 고기압은 '기압이 높다'는 뜻입니다.

저기압(低氣壓)에서
저(低)는 '낮을 저' 입니다.
그러므로 저기압은 '기압이 낮다'는 뜻입니다.

상대적으로 따뜻한 공기는
무게가 더 가볍고, 기압이 더 낮습니다.
이것을 저기압(低氣壓)이라고 합니다.

고기압과 저기압을 공부할 때는
'상대적'이라는 말을 많이 사용합니다.

차가운 공기와 따뜻한 공기는 서로 상대적이기 때문입니다.

차가운 공기도 더 차가운 공기를 만나면
상대적으로 따뜻한 공기가 되기 때문입니다.

그리고
따뜻한 공기도 더 따뜻한 공기에 비하면
상대적으로 차가운 공기가 되기 때문입니다.

그러므로
고기압과 저기압도
서로 상대적입니다.

주변에 비해서 상대적으로 기압이 높으면 고기압이고
주변에 비해서 상대적으로 기압이 낮으면 저기압입니다.

공기 온도에 따른 기압 비교

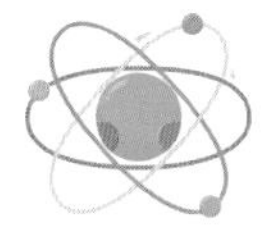

문제를 풀면서 알아보기

다음 □ 안에 알맞은 말을 써 보세요.

- 한자로 氣壓이라고 씁니다.
- 한자로 공기가 누르는 힘이라는 뜻입니다.
- '공기의 무게로 생기는 힘'을 말합니다.

다음은 공기 온도에 따른 무게를 비교해 보는 실험입니다. 공기의 무게가 더 무거운 쪽을 찾아, □ 안에 < 또는 >로 표시하세요.

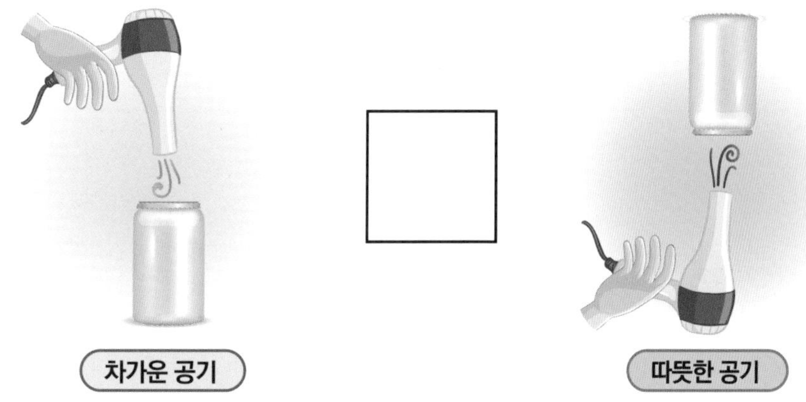

다음 기압에 대한 설명을 읽고, 알맞은 답을 〈보기〉에서 골라 써 보세요.

보기	
고기압	저기압

- 더 무겁다.
- 차가운 공기
- 주변에 비해 상대적으로 기압이 높다.

한자를 읽고 쓰기 연습을 해 보세요.

기운 **기**

기(氣)는 공기를 뜻합니다.

壓

누를 **압**

압(壓)은 누른다는 뜻을 지니고 있습니다.

壓 壓 壓 壓

壓

高 높을 고

고(高)는 높다는 뜻을 지니고 있습니다.

高 高 高 高 高

高

低 낮을 저

저(低)는 낮다는 뜻을 지니고 있습니다.

低 低 低 低

低

한쪽 어휘 2-3

풍
風

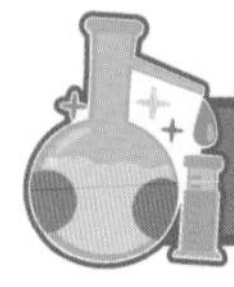

무슨 뜻인가요?

바람 풍이라는 말은
한 번쯤 들어 봤지요?

바람은 공기가 움직이는 것을 말합니다.
공기가 살랑살랑 움직이면
우리를 시원하게 하고
종이 정도를 날리지만
공기가 세차게 움직이면 태풍이 되어 큰 피해를 주기도 합니다.

한자로 배워 봐요!

바람을 한자로 풍(風)이라고 합니다.
풍(風)은 '바람 풍' 입니다.

그러므로 한자로 풍(風)은 '바람'을 뜻합니다.

한자로 풍(風)은 바람이라는 뜻입니다.

풍(風)을 한자로 쓰고 소리를 내어 읽어 봅시다.

뜻	소리
바람	풍

교과서에서 살펴보기

교과서에서는
바람이 부는 까닭에 대해 공부합니다.

바람이 부는 까닭은 무엇일까요?

기압을 공부하면서
차가운 공기는 무거워서 고기압이라 하고
따뜻한 공기는 가벼워서 저기압이라 한다고 했습니다.

따뜻한 공기가 위로 올라가면
그 빈자리는 누가 채울까요?

옆에 있는 차가운 공기가 그곳으로 이동합니다.

공기가 이동하는 것
이것을 바람이라고 합니다.

바람의 발생

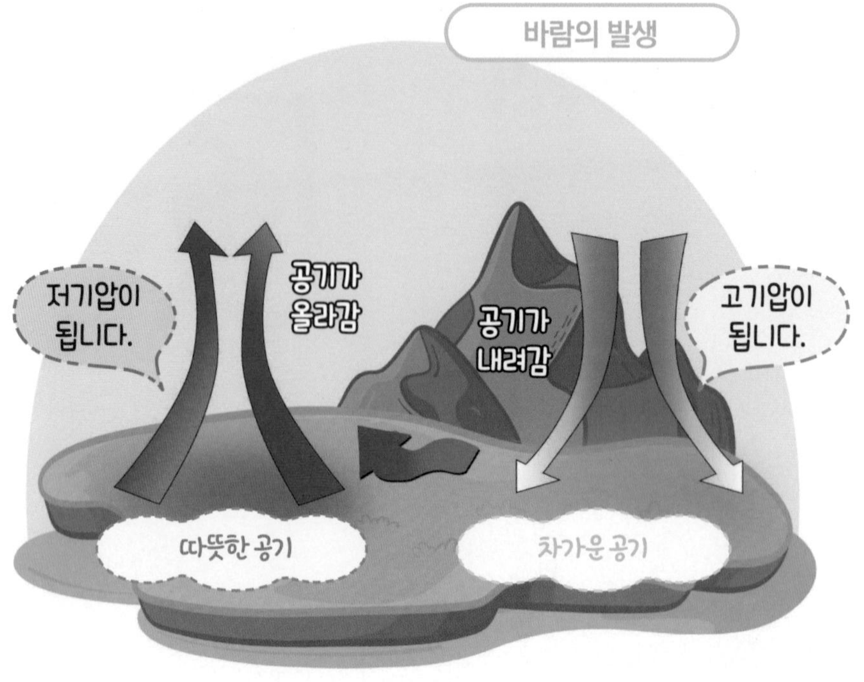

상대적으로 차가운 공기가 무거운 고기압이고
상대적으로 따뜻한 공기가 가벼운 저기압입니다.
바람은 고기압에서 저기압 쪽으로 붑니다.

교과서에서는
실제로 고기압에서 저기압 방향으로 바람이 부는지
실험을 통해 확인하는 공부를 합니다.

상자 안에
한쪽에는 따뜻한 물을, 반대쪽에는 차가운 얼음물을 놓고
향 연기를 피운 후, 연기가 어느 방향으로 움직이는지를 관찰하면
바람의 방향을 알 수 있습니다.

물 대신 찜질팩을 사용하거나, 물과 모래를 사용할 수도 있습니다.
양쪽의 온도를 다르게 하여 바람의 방향을 확인하는 것이 중요합니다.
다음은 따뜻한 물과 얼음물을 이용한 실험 모습입니다.

바람 발생 모형실험

이 실험을 통해
차가운 얼음물(고기압) 쪽에서, 따뜻한 물(저기압) 쪽으로
바람이 분다는 것을 알 수 있습니다.

교과서에서는 또 바닷가에서 낮과 밤에 부는 바람을 공부합니다.

육지는 바다에 비해
더 빨리 뜨거워지고, 더 빨리 식는 특징이 있습니다.

그러므로 낮에는 육지가 따뜻한 저기압이고,
바다는 차가운 고기압입니다.
그래서 바람은 바다에서 육지로 불겠죠?

낮에 바다에서 불어오는 바람을 해풍(海風)이라고 합니다.

낮에 바다에서 육지로 부는 바람 : 해풍(海風)

해풍(海風)에서
해(海)는 '바다 해', 풍(風)은 '바람 풍'입니다.
그러므로 해풍은 바다에서 불어오는 바람입니다.

바닷가에서 밤이 되면 바람의 방향이 바뀝니다.

육지는 바다에 비해
더 빨리 뜨거워지고, 더 빨리 식는다고 했죠?

海 風
바다 해 바람 풍

해가 없는 밤에는 육지가 더 차가워져서 고기압이 됩니다.

陸 風
뭍 육 바람 풍

그러므로 밤에는
육지가 차가운 고기압이고, 바다가 상대적으로 따뜻한 저기압입니다.
그래서 바람은 육지에서 바다로 불겠죠?
밤에 육지에서 바다로 부는 바람을 육풍(陸風)이라고 합니다.

밤에 육지에서 바다로 부는 바람 : 육풍(陸風)

육풍(陸風)에서
육(陸)은 육지를 뜻하며 '뭍 육' 입니다.
뭍이라는 말은 지구에서 바다와 호수를 뺀 나머지를 뜻하는 순우리말입니다.
풍(風)은 '바람 풍' 입니다.

문제를 풀면서 알아보기

다음 □ 안에 알맞은 말을 써 보세요.

ㅇ 한자로 風이라고 씁니다.
ㅇ '바람'이라는 뜻입니다.

□

다음은 한쪽에는 따뜻한 물을, 반대쪽에는 차가운 얼음물을 놓고 향 연기를 피워 바람의 방향을 알아보는 실험입니다. 향 연기가 움직이는 모습을 그림으로 그려 보세요.

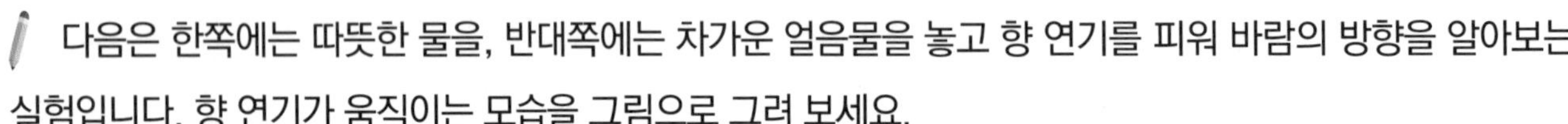

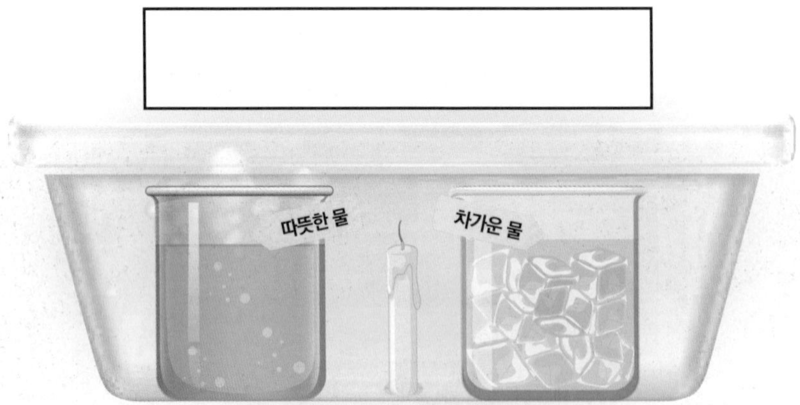

다음은 맑은 날 낮의 바닷가 모습입니다. 해풍(海風)이 움직이는 방향을 ( ) 안에 화살표로 그려 보세요.

고기압 (   ) 저기압

한자를 읽고 쓰기 연습을 해 보세요.

바다 **해**

해(海)는 바다를 뜻합니다.

海 海 海

海

바람 **풍**

풍(風)은 바람을 뜻합니다.

風 風 風

風

초등학교 과학 5학년 2학기

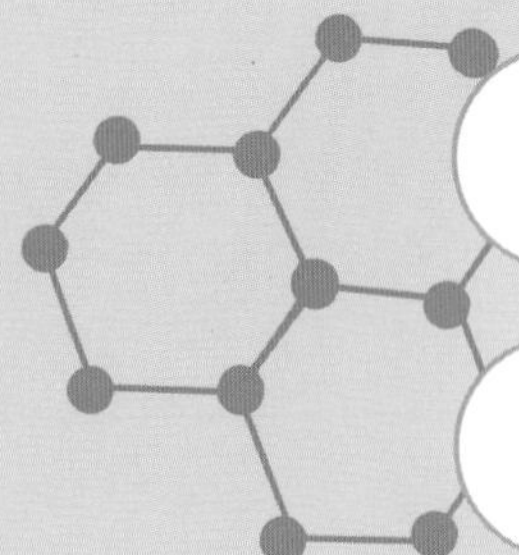

맨손체조를 하는 것도
운동이라고 하는데~

과학에서는
위치가 변해야 운동이야!

3
물체의
운동

한쏙 어휘 3-1

운동 運動

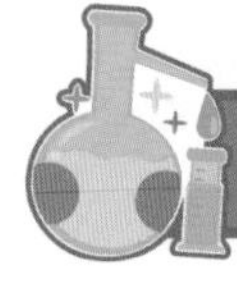

무슨 뜻인가요?

'운동한다'고 하면 어떤 모습이 떠오르나요?

달리기 하는 모습, 자전거 타는 모습이 떠오르나요?
줄넘기 하는 모습, 헬스장에서 러닝머신 타는 모습이 떠오르기도 하겠죠?

운동이라는 말에는 여러 가지 뜻이 있습니다.

과학에서는
달리기나 자전거타기는 운동이라 하지만
제자리에서 하는 줄넘기나 러닝머신을 타는 것은 운동이라 하지 않습니다.

과학에서 운동이란 위치가 변해야 합니다.
위치가 변하지 않으면 운동이라 하지 않습니다.

그러므로 제자리에서 하는 줄넘기는 운동이 아니지만
차를 타고 위치를 옮기는 것은 운동입니다.

제자리에서 러닝머신을 타는 것은 운동이 아니지만
케이블카나 롤러코스터를 타는 것은 운동입니다.

차를 타거나 케이블카를 타는 것은
시간에 따라 위치가 달라지기 때문입니다.

위치를 바꾼다는 것을 다른 말로 하면
위치를 옮긴다고 할 수 있습니다.

한자로 배워 봐요!

운동(運動)에서
운(運)은 위치를 옮기는 것을 뜻하고, '옮길 운'입니다.
동(動)은 움직인다는 뜻으로, '움직일 동'입니다.
3학년 때 공부한 '운반(運搬) 작용'과 '동물(動物)'에서 이미 익힌 한자입니다.

그러므로 한자로 운동(運動)은 '물체가 위치를 옮기면서 움직이는 것'을 뜻합니다.

한자로 운동(運動)은 물체가 위치를 옮기면서 움직이는 것을 말합니다.

운동(運動)을 한자로 쓰고 소리를 내어 읽어 봅시다.

교과서에서 살펴보기

교과서에서는
'운동이란 시간이 지남에 따라 물체의 위치가 변하는 것'이라고 배웁니다.

교과서에서는 또
빠르기가 일정한 운동과
빠르기가 변하는 운동으로 분류하는 공부를 합니다.

자동계단과 케이블카, 리프트 등은 빠르기가 변하지 않는 운동을 합니다.
빠르기가 변하지 않는 것을, 빠르기가 일정하다고 합니다.

일정(一定)에서

일(一)은 한 가지를 뜻하고, 정(定)은 정해져 있다는 뜻으로 '정할 정'입니다.

그러므로 일정(一定)은 하나로 정해져 있어 변하지 않는다는 뜻입니다.

一	定
한 일	정할 정

빠르기가 일정한 운동을 하는 물체

자동 계단

케이블카

리프트

반대로 이륙하고 있는 비행기와 날아가는 공과 새, 움직이는 자동차, 롤러코스터 등은 빠르기가 변하는 운동을 합니다.

빠르기가 변하는 운동을 하는 물체

움직이는 차

날아가는 새

움직이는 롤러코스터

교과서에서는 또
물체의 운동을 어떻게 나타내는지 공부합니다.

운동이란
시간이 지남에 따라 물체의 위치가 변하는 것이라 했습니다.
그리고
위치의 변화는 이동한 거리로 나타낼 수 있습니다.
그러므로
물체의 운동은 '물체가 이동하는 데 걸린 시간과 이동 거리'로 나타낼 수 있습니다.

과학에서 물체의 운동을 나타낼 때는
반드시 걸린 시간과 이동 거리를 넣어 주어야 합니다.

예를 들면 다음과 같습니다.

"지우는 1초 동안 5m를 이동했습니다."
"강아지가 1초 동안 2m를 이동했습니다."
"자전거가 2초 동안 2m를 이동했습니다."
"자동차가 1시간 동안 40km를 이동했습니다."

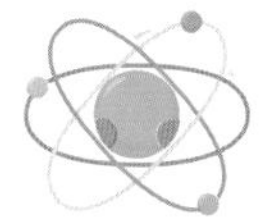

문제를 풀면서 알아보기

다음 □ 안에 알맞은 말을 써 보세요.

- 한자로 運動이라고 씁니다.
- 한자로 물체가 위치를 옮기면서 움직이는 것을 뜻합니다.
- '시간이 지남에 따라 물체의 위치가 변하는 것'을 말합니다.

□□

다음 빈칸에 알맞은 말을 □ 안에 써 보세요.

- 물체의 운동은, 물체가 이동하는 데 걸린 시간과 (   )로 나타냅니다.

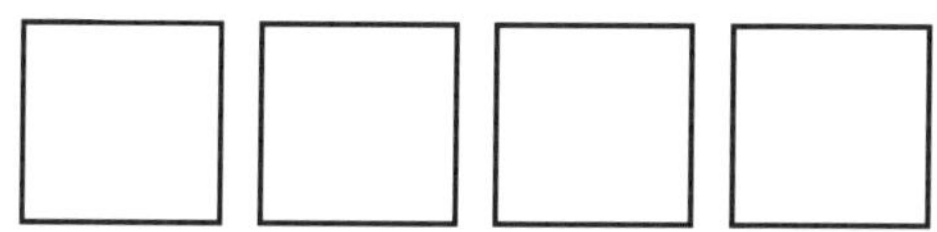

다음 중 빠르기가 일정하게 운동하는 물체는 무엇인가요? (   )

①

②

③

④

한자를 읽고 쓰기 연습을 해 보세요.

運 옮길 운

운(運)은 위치를 옮기는 것을 뜻합니다.

運 運 運 運

運

動 움직일 동

동(動)은 움직인다는 뜻을 지니고 있습니다.

動 動 動 動

動

一 한 **일**

일(一)은 한 가지를 뜻합니다.

定 정할 **정**

정(定)은 정해져 있다는 뜻을 지니고 있습니다.

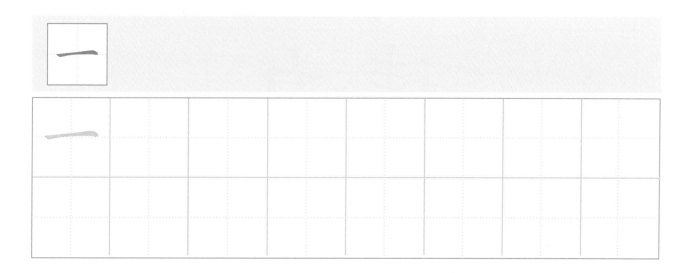

定 定 定 定

定

무슨 뜻인가요?

두 사람이 힘을 겨룬다면
먼저 씨름이 생각나겠지요?

서로 힘을 겨룰 때는
누가 더 힘이 센지 겨룰 수도 있고
누가 더 멀리 던지는지로도 겨룰 수 있습니다.
또 누가 더 빨리 달리는지로도 겨룰 수 있습니다.

"두 사람 중 더 빠른 사람은 누구일까요?"
이 말을 이렇게 바꿀 수도 있습니다.
"두 사람 중 빠르기의 힘이 더 센 사람은 누구일까요?"
이때 '빠르기의 힘'을 속력(速力)이라고 합니다.

한자로 배워 봐요!

속력(速力)에서
속(速)은 '빠를 속'이고, 력(力)은 '힘 력' 입니다.

그러므로 한자로 속력(速力)은 '빠르기의 힘'을 뜻합니다.

한자로 속력(速力)은 빠르기의 힘을 뜻합니다.

속력(速力)을 한자로 쓰고 소리를 내어 읽어 봅시다.

뜻	소리	뜻	소리
빠를	속	힘	력

교과서에서 살펴보기

나는 2초 동안 4m를 이동했습니다.
지우는 3초 동안 9m를 이동했습니다.
두 사람 중 빠르기가 더 빠른 사람은 누구일까요?

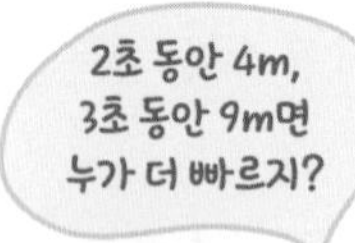

이처럼
걸린 시간과 이동 거리가 모두 다를 때는
속력을 구해서 빠르기를 비교해야 합니다.

교과서에서는
'속력이란 1초, 1분, 1시간 등과 같은 단위 시간 동안 물체가 이동한 거리'라고 배웁니다.

그러므로, 속력은 물체가 이동한 거리를 걸린 시간으로 나누어 구합니다.
이것을 식으로 나타내면 다음과 같습니다.

속력=이동 거리÷걸린 시간

$$속력 = \frac{이동\ 거리}{걸린\ 시간}$$

그럼 나와 지우의 속력을 비교해 볼까요?

s=초

$$나의\ 속력 = \frac{4m}{2s} = 2m/s\ (이\ 미터\ 매\ 초)$$

s=초

$$지우의\ 속력 = \frac{9m}{3s} = 3m/s\ (삼\ 미터\ 매\ 초)$$

두 사람의 빠르기를 속력을 구해서 비교해 본 결과, 지우가 더 빠르다는 것을 알 수 있습니다.

이번에는 자동차와 기차의 속력을 구해 볼까요?
자동차는 2시간 동안 140km를 이동했고, 기차는 3시간 동안 600km를 이동했다면 누가 빠를까요?

h=시간

자동차의 속력 = $\frac{140\text{km}}{2\text{h}}$ = 70km/h (칠십 킬로미터 매 시)

h=시간

기차의 속력 = $\frac{600\text{km}}{3\text{h}}$ = 200km/h (이백 킬로미터 매 시)

자동차와 기차의 빠르기를 속력을 구해서 비교해 본 결과, 기차가 더 빠르다는 것을 알 수 있습니다.

교과서에서는 또 속력과 관련된 안전장치에 대해 공부합니다.

자동차는 편리하기도 하지만 속력이 매우 빨라 위험하기도 합니다.
그래서 속력으로 인한 자동차 사고의 피해를 줄이기 위해서 여러 가지 안전장치를 만들었습니다.
속력으로 인한 자동차 사고 피해를 줄이기 위한 안전장치에는 안전띠, 에어백, 어린이 보호구역 표지판, 과속 방지 턱, 과속 단속 카메라, 서행 표지판 등이 있습니다.

속력으로 인한 자동차 사고의 피해를 줄이기 위한 안전장치

안전띠

과속 단속 카메라

과속 방지 턱

서행 표지판

문제를 풀면서 알아보기

다음 □ 안에 알맞은 말을 써 보세요.

- 한자로 速力이라고 씁니다.
- 한자로 '빠르기의 힘'을 뜻합니다.
- 1초, 1분, 1시간 등과 같은 단위 시간 동안 물체가 이동한 거리를 말합니다.

□□

다음 글을 읽고 속력을 구한 후, ( ) 안에 써 보세요.

지우는 10초 동안 30m를 이동했습니다.

(   )

다음 글을 읽고 속력을 구한 후, ( ) 안에 써 보세요.

기차가 2시간 동안 400km를 이동했습니다.

(   )

다음 중 속력으로 인한 자동차 사고 피해를 줄이기 위한 안전장치가 아닌 것은 무엇인지 고르세요. (   )

① 안전띠 ② 과속 단속 카메라

③ 과속 방지 턱 ④ 에어컨

한자를 읽고 쓰기 연습을 해 보세요.

빠를 **속**

속(速)은 빠르다는 뜻을 지니고 있습니다.

速 速 速 速

速

力

힘 **력**

력(力)은 힘을 뜻합니다.

力 力

力

초등학교 과학 5학년 2학기

레몬에서 너무 신맛이 나!

레몬은 산성이라서 그런가 봐!

4
산과
염기

한쏙 어휘 4-1

산성, 염기성
酸性, 鹽基性

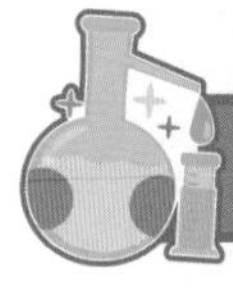

무슨 뜻인가요?

식초에서는 신맛이 납니다. 레몬즙에서도 신맛이 나죠.
이러한 용액들은 모두 산성(酸性)입니다.

산성과 반대되는 용액의 성질로
염기성(鹽基性)이라는 말이 있습니다.

염기성(鹽基性)은 '소금을 기본으로 하는 성질'을 뜻합니다.
모든 염기성 용액을 소금으로 만드는 것은 아닐 텐데
왜 염기성에는 소금이라는 말이 들어가게 되었을까요?

그것은 수산화나트륨 때문입니다.
염기성의 대표적인 용액은 수산화나트륨입니다.
수산화나트륨을 만들 때 소금을 이용합니다.
그래서 염기성에는 소금이라는 말이 들어가게 되었습니다.

한자로 배워 봐요!

1. 산성

산성(酸性)에서

산(酸)은 신맛이 난다는 뜻으로 '실 산' 입니다.

성(性)은 성질을 뜻하며 '성품 성' 입니다.

그러므로 한자로 산성(酸性)은 '신맛이 나는 성질'을 뜻합니다.

한자로 산성(酸性)은 신맛이 나는 성질이라는 뜻입니다.

산성(酸性)을 한자로 쓰고 소리를 내어 읽어 봅시다.

2. 염기성

염기성(鹽基性)에서

염(鹽)은 소금을 뜻하며 '소금 염'입니다.

기(基)는 기초를 뜻하며 '터 기'입니다.

성(性)은 성질을 뜻하며 '성품 성'입니다.

그러므로 한자로 염기성(鹽基性)은 '소금을 기본으로 하는 성질'을 뜻합니다.

한자로 염기성(鹽基性)은 소금을 기본으로 하는 성질을 뜻합니다.

염기성(鹽基性)을 한자로 쓰고 소리를 내어 읽어 봅시다.

교과서에서 살펴보기

교과서에서는
산성 용액과 염기성 용액의 성질을 실험을 통해 공부합니다.

산성 용액은 묽은 염산을
염기성 용액은 묽은 수산화나트륨을 사용합니다.

먼저 산성 용액인 묽은 염산에
대리암 조각과 달걀 껍데기를 넣어 보면 녹는다는 것을 알 수 있습니다.

조개 껍데기나 메추리알 껍데기를 이용해서 실험할 수도 있습니다.

그러나 산성 용액인 묽은 염산에
두부나 삶은 달걀 흰자를 넣을 땐 아무 변화가 없다는 것도 알 수 있습니다.

삶은 닭가슴살이나, 삶은 메추리알 흰자를 넣어 보아도 변화가 없습니다.

산성 용액(묽은 염산)에 여러 가지 물질을 녹여 보는 실험

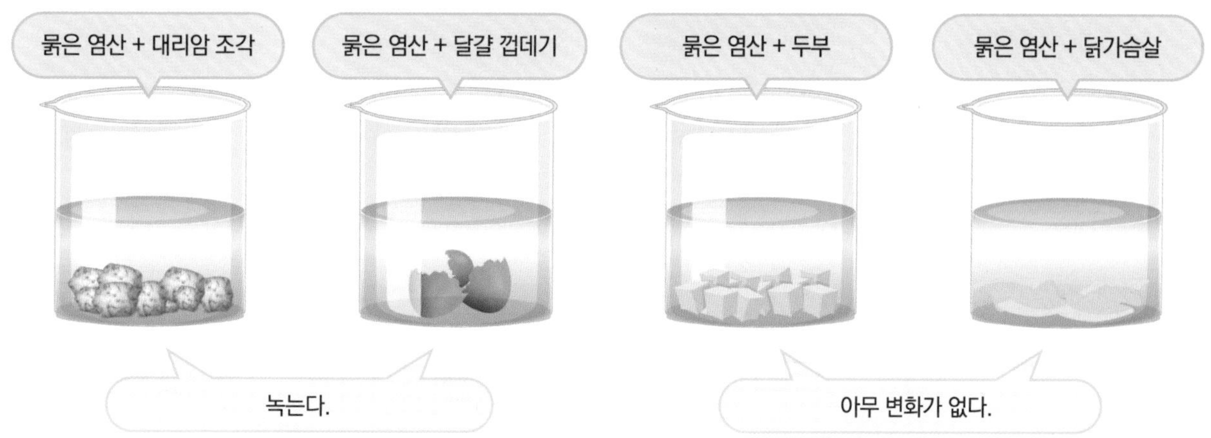

다음으로 염기성 용액인 묽은 수산화나트륨에
여러 가지 물질을 녹여 보는 실험을 합니다.

염기성 용액인 묽은 수산화나트륨에
대리암 조각과 달걀 껍데기를 넣어 보면 아무 변화가 없다는 것을 알 수 있습니다.

조개 껍데기나 메추리알 껍데기를 이용해서 실험할 수도 있습니다.

그러나 염기성 용액인 묽은 수산화나트륨에
두부나 삶은 닭가슴살을 넣었을 때는 점점 녹는다는 것을 알 수 있습니다.

삶은 달걀 흰자나, 삶은 메추리알 흰자를 넣어 보아도 같습니다.

산성 용액과는 반대되는 성질이 있음을 알 수 있습니다.

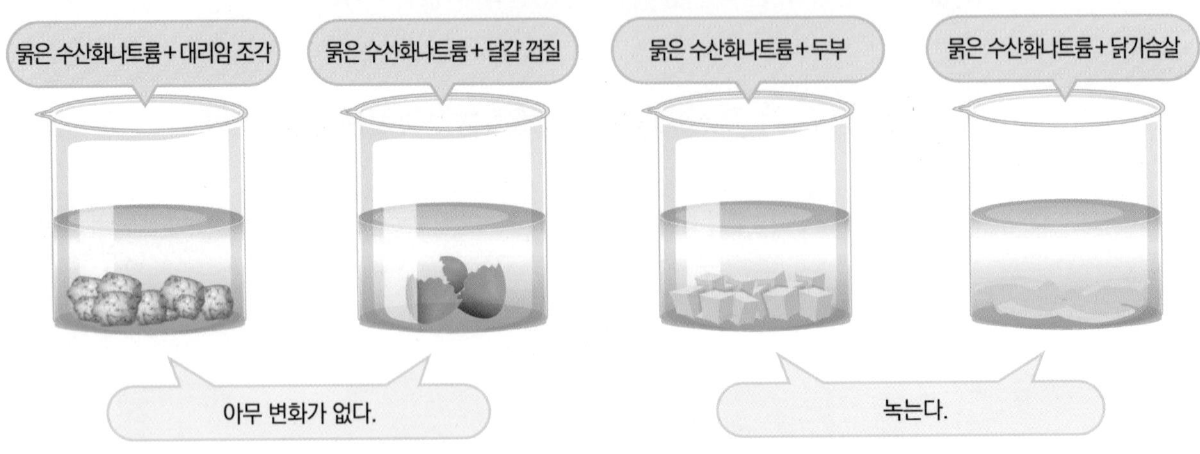

이처럼 산성 용액과 염기성 용액은 서로 다른 성질이 있습니다.

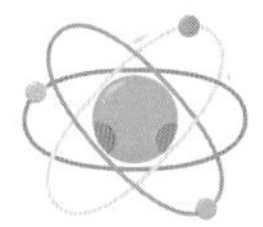

문제를 풀면서 알아보기

다음 □ 안에 알맞은 말을 써 보세요.

- 한자로 酸性이라고 씁니다.
- 한자로 '신맛이 나는 성질'을 뜻합니다.

다음은 산성 용액인 묽은 염산에 여러 가지 물질을 녹여 보는 실험입니다. 산성 용액에 녹는 물질은 ○, 아무런 변화가 없는 물질에는 X표 하세요.

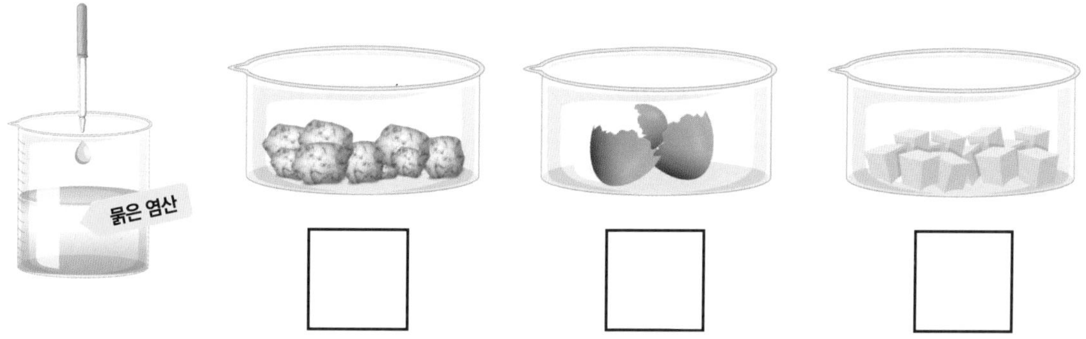

다음은 염기성 용액인 묽은 수산화나트륨에 여러 가지 물질을 녹여 보는 실험입니다. 염기성 용액에 녹는 물질은 ○, 아무런 변화가 없는 물질에는 X표 하세요.

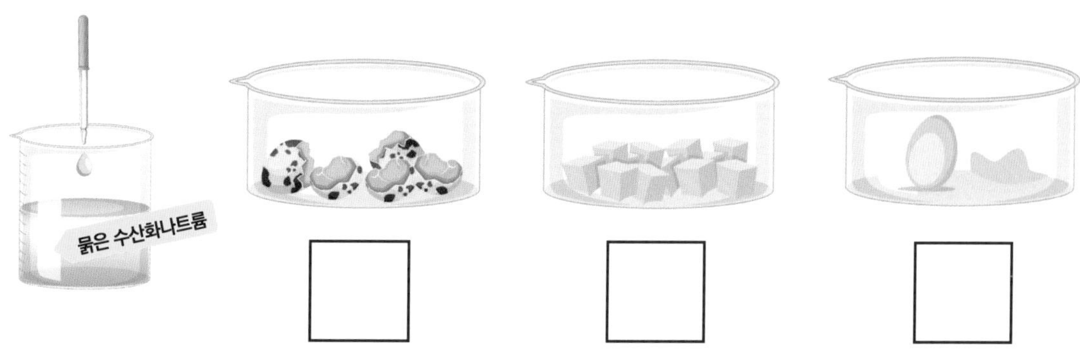

한자를 읽고 쓰기 연습을 해 보세요.

酸

실 **산**

산(酸)은 신맛이 난다는 뜻을 지니고 있습니다.

酸 酸 酸 酸

酸

性

성품 **성**

성(性)은 성질을 뜻합니다.

性 性 性

性

鹽 소금 **염**

염(鹽)은 소금을 뜻합니다.

基 터 **기**

기(基)는 기초를 뜻합니다.

基 基 基

基

한쏙 어휘 4-2

지시약
指示藥

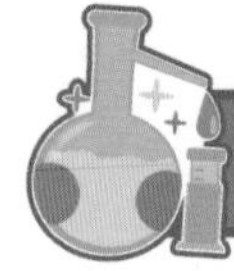

무슨 뜻인가요?

지시약에 대해서 알아볼까요?

먼저 지시에 대해 알아보죠.
지시(指示)한다는 한자에는
이것은 이렇게 하고 저것은 저렇게 하라고
하나하나 손가락으로 가리키며 알려 준다는 뜻이 들어 있습니다.

약은 약품이라는 뜻입니다.

그러니까 지시약은 '이것은 무엇이고 저것은 무엇이다'라고 가리켜 주는 약품을 말합니다.

이 단원에서는 여러 가지 지시약을 공부하는데
모두 어느 것이 산성 용액이고, 어느 것이 염기성 용액인지를 지시해서 알게 해 주는 약품들입니다.

한자로 배워 봐요!

지시약(指示藥)에서

지(指)는 손가락으로 가리켜 준다는 뜻으로, '가리킬 지' 입니다.

시(示)는 보여 준다는 뜻으로 '보일 시' 입니다.

약(藥)은 '약 약' 입니다.

그러므로 한자로 지시약(指示藥)은 '가리켜 주고 보여 주는 약'을 뜻합니다.

한자로 지시약(指示藥)은 이것이 무엇인지 가리켜 주고 보여 주는 약을 뜻합니다.

지시(指示)를 한자로 쓰고 소리를 내어 읽어 봅시다.

교과서에서 살펴보기

교과서에서는
산성 용액과 염기성 용액을 분류할 때 여러 가지 지시약을 사용한다는 것을 공부합니다.

지시약은 어떤 것이 산성이고 어떤 것이 염기성인지를 가리켜 줍니다.
또 색깔로 잘 보여 줍니다.

지시약에는 페놀프탈레인 용액과 BTB 용액, 리트머스 종이와 자주색 양배추 지시약 등이 있습니다.

가장 대표적인 지시약은 페놀프탈레인 용액입니다.

페놀프탈레인 용액은 산성 용액에서는 색깔에 변화가 없습니다.
페놀프탈레인 용액은 염기성 용액을 붉은색으로 변하게 합니다.

페놀프탈레인 용액에 의한 색깔 변화

다음은 BTB 용액이 있습니다.

BTB 용액은 산성 용액을 노란색으로 변하게 합니다.
BTB 용액은 염기성 용액을 파란색으로 변하게 합니다.

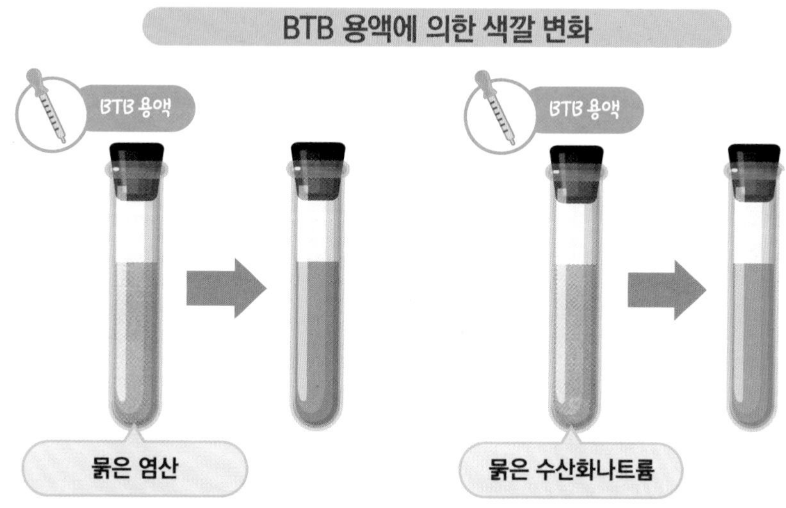

다음은 리트머스 종이에 대해 알아보겠습니다.
리트머스 종이는 붉은색과 푸른색 두 가지가 있습니다.

푸른색 리트머스 종이가 붉은색으로 변하면 산성 용액입니다.
반대로 붉은색 리트머스 종이가 푸른색으로 변하면 염기성 용액입니다.

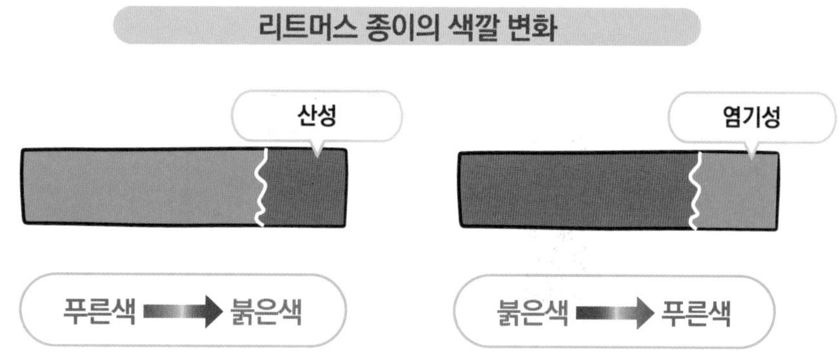

다음은 자주색 양배추 지시약에 대해 알아보겠습니다.

자주색 양배추 지시약을 떨어뜨려 붉은색 계열로 바뀌면 산성 용액입니다.
자주색 양배추 지시약을 떨어뜨려 푸른색이나 노란색 계열로 바뀌면 염기성 용액입니다.

자주색 양배추 지시약에 의한 색깔 변화

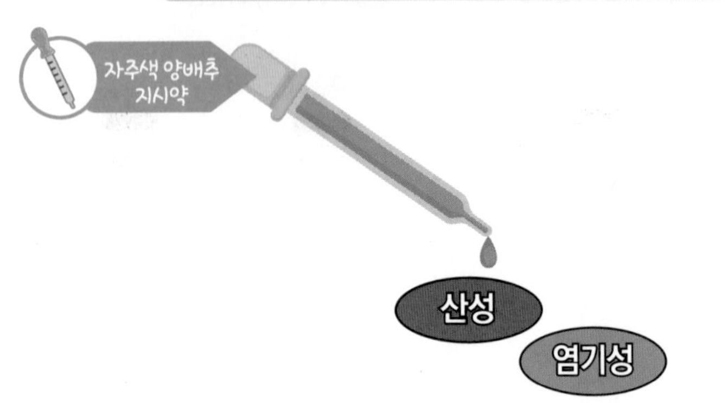

교과서에서는 또
지시약을 이용해서 우리 주변의 여러 가지 용액을 분류하는 공부를 합니다.
실험을 통해
식초, 레몬즙, 탄산음료, 주스 등은 산성 용액이고
석회수, 빨랫비누 물, 유리 세정제, 제빵 소다 용액, 표백제, 치약 등은
염기성 용액이라는 것을 알 수 있습니다.

우리 주변의 여러 가지 용액 분류

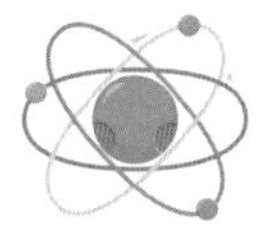

문제를 풀면서 알아보기

다음 □ 안에 알맞은 말을 써 보세요.

- 한자로 指示藥이라고 씁니다.
- 한자로 '가리켜 주고 보여 주는 약'을 뜻합니다.

□□□

다음 글을 읽고, 알맞은 답을 〈보기〉에서 골라 써 보세요.

보기
산성 염기성

- 푸른색 리트머스 종이가 붉은색으로 변했다. □
- 페놀프탈레인 용액에 붉은색으로 변했다. □

다음 중 염기성 용액인 것은 무엇인가요? (   )

①

식초

②
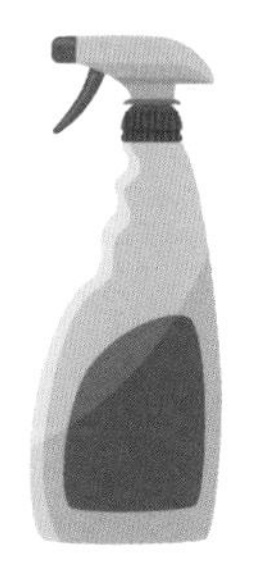
유리 세정제

③
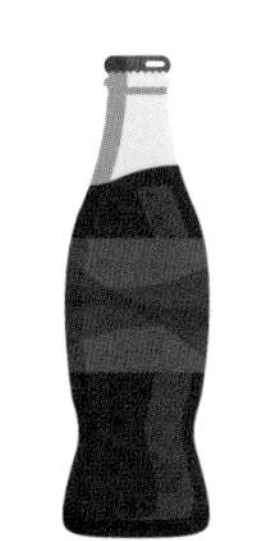
탄산음료

④

레몬즙

한자를 읽고 쓰기 연습을 해 보세요.

指 가리킬 지

지(指)는 손가락으로 가리켜 준다는 뜻을 지니고 있습니다.

指 指 指

指

示 보일 시

시(示)는 보여 준다는 뜻입니다.

示 示 示

示

문제를 풀면서 알아보기

정답

5학년 1학기

1. 온도와 열

19쪽 1. 전도 2. ○, ○, 3. >

26쪽 1. 단열 2. ○, ×, ○
○, ×, ○

32쪽 1. 대류 2.

2. 태양계와 별

42쪽 1. 태양계 2. 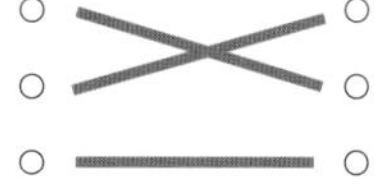

3. ④

48쪽 1. ① 2. 행성, 별, 행성

3. 용해와 용액

58쪽 1. 용매, 용질, 용해 2. >

64쪽 1. 용액 2. 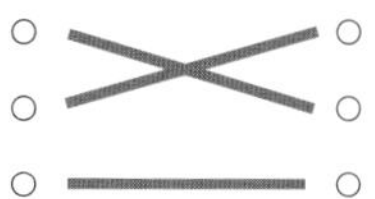

3. <

5학년 2학기

1. 생물과 환경

74쪽 1. 생태계, (1) ①, ⑥, ⑧, ⑨
(2) ②, ④ (3) ③, ⑤, ⑦, ⑩

79쪽 1. 생산자 2. ④

83쪽 1. 소비자 2. 소, 소, 소, 생

89쪽 1. 분해자 2. 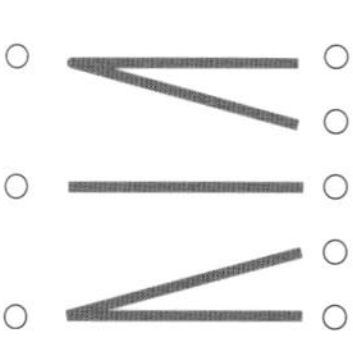

2. 날씨와 우리 생활

101쪽 1. 습도 2. 63 3. ④

109쪽 1. 기압 2. > 3. 고기압

118쪽 1. 풍 2. ← 3. →

3. 물체의 운동

127쪽 1. 운동 2. 이동 거리 3. ①

134쪽 1. 속력 2. 3m/s 3. 200km/h 4. ④

4. 산과 염기

143쪽 1. 산성 2. ○, ○, × 3. ×, ○, ○

151쪽 1. 지시약 2. 산성, 염기성 3. ②

한자 어휘 학습으로
쏙쏙 개념 익히기
한쏙 과학
5학년

한자 어휘 학습으로
쏙쏙 개념 익히기
한쏙 과학
5학년